平熱

むずかしい毎日に、むつかしい話を

JN069036

東洋館出版社

はじめに

「難しい」って文字を目にするだけで気絶しそうになる。

こんなにも画数が多く、カクカクした造形の「難しい」に何度も眼球を支配されると、難しすぎて口から魂が飛び出てしまう。

だからせめて、自分で「難しい」としたためるときは「むずかしい」と書き換えることでなんとかそのむずかしさを誤魔化している。

ヨーグルトに混ぜないと苦い薬が飲み込めない子どもみたいに、むずかしい漢字をひらがなにして飲み込んでいる。

どうして毎日こんなにも「むずかしい」ことばっか降ってくるんだろう。

仕事をしてもむずかしい。家事や育児もむずかしい。

人間関係も、心や体を整えるのだってむずかしい。

時間を生み出すことも、お金を得ることもむずかしい。

漏れなくみんなが大変な「むずかしい毎日」にどうにかこうにか抗うため、あちこちで「むずかしい話」が交わされる。

頭のいい人や、強い人、人気者やえらい人、お金持ちが「むずかしい話」をスパイ映画の悪役みたいな顔で語り合う。

あっちがいい、こっちがいい。あれはダメ、これもダメ。

のほほんと生きていたいだけの人が仕方なく暮らす「むずかしい毎日」に、これ以上そんな「むずかしい話」を耳に入れる余裕がない。

だから、「むずかしい話」をもっと食べやすくして、「むつかしい話」にしてしまえば自分にもできる話があるんじゃないか。

「むつかしい話」なら、おなじように余裕のない、市井の人も耳を傾けてくれるかもしれない。

ヨーグルトだけじゃ飲み込めない毎日に、蜂蜜をかければ飲み込めるかもしれない。

今、タイピングしたばかりの「むつかしい」という文字には、打ち終わると同時に赤い波線が引かれる。

「むずかしい」の間違いですね。「むつかしい」なんて日本語はありません。と、かしこいコンピューターが教えてくれる。

「正しい日本語に直しなさい」と警告してくる。

うっせぇな。いつだって、正しさだけが正解でもないでしょうよ。

警告を無視し、キーボードをパチパチとやり続け、現在進行形で駄文を重ねていく。

スクリーンは波線だらけ。そんなこと、知ったこっちゃない。

今日の正しさなんて、明日にはどうなってるかわからないんだし。

今日の強さが、明日もあるとは限らないんだし。


「このむつかしい話わかる?」

こんなふざけた煽り文句を、幾度となくインターネットの海に放り込んできた。

むずかしい話はしたくない。コンピューターに怒られる間違った日本語で、正解のない質問を、みんなに問いかけてみたい。みんなが、自分なりの答えをつかむキッカケになればいい。

そう考えて、投稿をはじめてみた。

わたしは、特別支援学校の先生だ。360度、嘘偽りのない公務員。

アスリートでも芸能人でもマジシャンでもない。一般人オブ一般人。

そんな成功者でもお金持ちでもない一般人が問いかける、どうでもいいような「むつかしい話」に、いつもたくさんの反応をいただける。

自分事に置き換えて、むつかしい話を咀嚼し、味わい、吐き出したり飲み込んだりしてあそんでくれる。

こんな毒にも薬にもならないじゃれ合いを「本にしましょうよ」と声をかけてくれた出版社に口説かれて、血を吐きながらこの本を書いた。

普段みんなに「わかる？」なんて問いかけるだけで終わりにしていた「むつかしい話」を、特別支援学校の先生として、ひとりで説明し始めた。働く上で感じたことや大事にしていることを、勝手に解説し始めた。ジャイアンリサイタルより自分勝手なひとりよがり。のび太、聞いてくれ。

正直に言う。わたしだって、むつかしい話がわかってるかはわからない。

だから、みんなといっしょに考えたい。「どうしようもないこと」だらけの毎日を、「どうにかしよう」とあがいてみたい。

成功者になる方法はわからない。お金持ちになる方法もわからない。天職への出会い方も、自信満々に生きていく方法もわからない。

これからはじまる30のむつかしい話を読んでも、人生は大きく変わらない。

あなたがスーパーサイヤ人になることはない。わたしはヤムチャで、あなたはクリリンなんだから。
あなたは、あなたのまま。弱いまま、強くなろうとすればいい。
カレーであるあなたを、三つ星レストランのフレンチに変えてあげることはできない。
ただ、あなたの上にカツを乗っけてあげたい。
カレーはカレーなんだよ。でも、カツは乗せられる。
このむつかしい話わかる?

第3章 くやしくて涙した日に

第4章 不安で眠れない日に

第1章

なんでもない日に

自己肯定感は伸ばさなくても
つぶされなければ伸びるのよ。

「自己肯定感」ってわりと無理ゲー？

「ありのままの自分を肯定する、好意的に受け止めることができる感覚」らしいですよ、自己肯定感。

え？　むずくない？

そんでもって、教育界ではここ数年「流行語狙い？」ってくらい聞きますからねこのワード。さらに、この「自己肯定感」のうしろにくっつくのは「伸ばす教育」なんてこれまた切れ味するどいセンテンス。

もちろん「自己肯定感を伸ばす教育をしましょう！」「自己肯定感を育む授業をしましょう！」と何度も言われてますよ先生たちは。

そりゃあね、伸ばせるなら伸ばしてあげられるほうがいい。育めるなら育んであげたほうがいい。ありのままの自分を肯定できて、好意的に受け止めたいよわたしだって。

でもね、「こうすりゃ自己肯定感が伸びますよ！」なんて子どもたちみんなに当てはまる正解なんて結局どこにもないんです。

おなじ授業して、おなじほめ方して、おなじ評価をしたって、自己肯定感が伸びる子は伸びるし、伸びない子は伸びない。

ハンバーグや唐揚げが苦手な子だっているんだから、「全員の」肯定感を伸ばす教育なんてあるわけない。

あとね、これだけは自信をもって言えるけど、自己肯定感なんて伸ばさなくてもつぶされなければ「伸びる」んです。

自然に咲いた花でも見てよ。彼らに特別な肥料なんて与えてない。ビニールハウスにも入れてない。

大切なのは日光を遮らないことだし、水を止めないこと。

だれかにとっては「逃げられない場所」

特別なことはしなくていい。ただ、咲くことを邪魔しなければ、彼らは勝手に花開く。わたしたち大人は、だれかの自己肯定感をつぶさないことにもっと気を配るべきなんだよ。

俺たちはかつて天才だったし、あなただって神童だった。

自己肯定感の低い2歳児見たことある?

いろんな人にダメ出しされて、苦手なことさせられて、比べられて、恥をかかされて……いつの間にか削られていく肯定感。

もちろん、学校におけるいろんな学習や行事でなにもかも「比べない」「優劣をつけない」なんてことはできるわけないし、そこにウエイトをかけすぎるべきでもない。かけっこに順位をつけなくても、足が速いか遅いかなんて誰より自分がわかってる。

ただね、学校は多くの子どもたち（と保護者）にとって「逃げられない場所」なんだってことをわたしたちはもっと肌で感じておかなくちゃいけない。

だからこそ、わたしたちは子どもたちの「やりたくない」をもっと尊重してあげないといけない。「休む」や「サボる」をもっと好意的に受け止めてあげないといけない。

いろんなことが上手にこなせる人は、だれかの「やりたくない」に気づきにくい。

学生時代のわたしにとって、運動会や球技大会はいつだって活躍の場だった。でも、大人になって聞いた女性の話で、捉え方が変わった。

「わたしは、運動がとにかく苦手。その中でも球技が苦手だった。イヤイヤ出された球技大会のバレーボール。ミスするたびにチームに迷惑をかけることがほんとに嫌だった。今振り返っても、自己肯定感が下がった思い出以外はない」と語る彼女は、「せめて卓球とか、個人でやって負けたら終わりならよかったのに。チームワークとか団結を盾に、やりたくもないことをやらされるのはほんとにしんどかった」と続けてくれた。

そうか、そりゃそうだよな。得意なだれかには肯定感が伸びる活動の場でも、苦手なだれかにはつぶされる場にしかならないもんな。

学校、担任と子どもたち、家族のような基本的に「逃げられない場所（関係）」でしなくちゃいけない関わり方は「自己肯定感をつぶさない」になるべく体重をかけたサポートなんじゃない？

バレーボールに出たい子は出られる環境、卓球がいいなら卓球。

なんなら、出たくない子は出なくてもいい。代替案やほかのことで埋め合わせができればそれでいい。

そんな風に、できる限り柔軟に対応してあげられたらいいな。子どもの声や考えに、もっと寄り添ってあげたい。

傷はだまってても増えるから

わたしは、特別支援学校で先生をしています。子どもたちをいけすかないことや理不尽な要求に、なんでもかんでも首を縦に振る大人に育てたいわけじゃありません。

まわりの空気を読み、不必要な正義感や責任を追い、つぶれてほしくなんかない。

嫌なこと、苦手なこと、やりたくないことに折り合いをつけたり、落としどころを見つけたり、うまく休んだりサボったりできる大人になってほしい。

そんな「苦手なことは苦手のまま、うまく逃げ道をつくれた自分」を肯定できる大人になってほしい。「やれやれ！」で伸ばす自己肯定感じゃなくて「やりたくない！」を尊重してつぶさない自己肯定感を大切にできる場所や関係が増えていったらいいな。

もちろん社会はきびしい。だれかと比べられ、評価され、ダメ出しされて、いつだって無傷でなんかいられない。


それでも「逃げられない場」にいる子どもたちの「どうしようもないこと」で傷を増やすことだけは、なるべくしないであげたいよ。

それが大人の大事な役割のひとつだって思うから。

「がんばって、できた」を「できる」で数えちゃいけないよ。

このむつかしい話わかる?

「できてたことが、できなくなったらどうしよう」

教員になったばかりのころ。

授業や指導がとても上手な先生が異動することになり、その先生が受け持っていたクラスを引き継いだことがあります。実際、そのクラスの子どもたちはその前年度に大きく成長しました。

当時のわたしは、すべてにおいて自分がその先生より劣ってるように感じていました。とてもじゃないけど、子どもたちを前年以上に成長させられる未来が想像できませんでした。

「その成長を自分が止めてしまったらどうしよう」「いや、止めるだけならまだしも、できたことができなくなったらどうしよう」

不安でいっぱいだったことをよく覚えています。

学部長にそんな弱音を吐いたとき、返してくれた言葉を今でも大切にしています。

「去年できたことが、もし今年できなくなったら、それは〝できる〟ではないんだよ。つまり、去年の先生だからできた、今年の先生だからできないは、ほんとの意味でその子の力になってなかったんだよね。だから、あなたは去年の〝できた〟を気にしないでいい。来年、また別の先生がこの子たちを担任したときに〝できる〟かどうかを気にかけて1年間チャレンジしていこうよ」

肩の力が抜けると同時に、自分が先生として目指していくスタンスがひとつ明確になった感覚がありました。

「できた」と「できる」の間にあるもの

ここからは、自分の言葉で話します。

きびしいことを言うと、**「できる」は「いつでも、どこでも、だれとでも、あたりまえにできる」状態**です。

だから「人や場所が変わっても、再現できるかどうか」を大切にしないといけない。

つまり、去年の先生だから「できた」や、去年の教え方だから「できた」は、残念だけど「できる」で数えちゃいけません。

どうしてもわたしたちは自分に甘くなってしまうから、子どもたちの「できた」をすぐに「できる」で数えようとしてしまう。

でも、やっぱり、1回の「できた」や「がんばって、できた」は「できる」とまだまだ距離がある。

人や環境に依存しすぎた「できた」じゃなく、家でも学校でも、今年も来年も、先生が変わっても「できた」ことだけ「できる」で数えていけたら最高じゃない？

だから、わたしたちは目先の「できた」じゃなく、遠い先の「できる」を目指していきましょうよ。

そのためには子どもたちが「たくさんの依存先」に頼れているかどうかをアイドルと目が合う瞬間くらい見つめます。

「この先生じゃないと」ではなく「どの先生でも」、「この教室じゃないと」ではなく「どの教室でも」、「この教え方でないと」ではなく「ちがう教え方でも」になるべく広く対応できるように気を配ることが大切です。

学校の中で「できた」ことが、学校の外で「できない」んなら、やっぱり学校の「できた」は「できる」じゃない。

「できた」を「できる」にしていく仕事

もちろん、はじめは「（学校で）できた」でいいんです。これはこれで大事なことだし、三日は寝ずに祝っていい。

ただ、「できる」で数えちゃいけないし、「学校でたくさんの手立てや環境を整えてできた」ことを「家でひとりでもできた」に寄せていけたら「できた」が「できる」に変わるよね。

山盛りのサポートを、ひとつずつ減らしていきましょう。

「できた」を何度も練習して、いろんな環境や設定で練習して、「できる」にどんどん寄せていく。

1本のヒットにいつまでも酔いしれず、どんどん打席に立って、どんどん打率を上げていく。

わたしたちはこの視点を忘れず、子どもたちが「いつでも、どこでも、だれとでも、あたりまえにできる」状態をなるべく目指していくんです。

忘れちゃいけないことがもう一つ。

こんなことを書くと「できた」が弱すぎるように聞こえるかもしれないけど、もちろんそんなことはないからね。

大切なのは「できた」を「できる」で数えないことで、「できた」は「できた」で価値がある。いや、ごめん。価値しかない。

「できる」と「がんばって、できる」そして「できない」の線引き。

「ここまでできる」「ここからできない」「これがあったらできる」「これがあるとできない」を自分で把握して伝えていけることは、生きてく上でとっても大事なスキルだよ。

こんなすてきなあれこれを「できた」を「できる」にしていく中で、見つけて磨いて取っておこ。


今日の「できた」がいつかの「できる」になりますように。

「どうしてできないんだ!」じゃなく
「どうやったらできるかな?」がプロなんだよ。

このむつかしい話わかる?

無意識の「できてあたりまえ」

100メートルを10秒で走ることのできる人間はいます。

それなのに、わたしやあなたに「どうして100メートルを10秒で走れないの?!」なんて怒る人はいません。

反対に「おはようございます」と蚊の鳴くような声のあいさつには、「どうしてそんなに声が小さいの！」と怒る人はたくさんいます。

それは、わたしたちが自分たちでも気づかない間に「できなくてあたりまえ」と「できてあたりまえ」に線を引いているからです。

特別支援学校に通う子どもたちと接するときに気をつけているのは「〝ふだん〟どのくらいできるんだろう？」を考えることです。

さっきのあいさつの例でいうと、「ふだん」は（いろんな理由で）声を出すことさえなかなかできない子だったらどうでしょう。

そんな子の発した「おはようございます」がどれだけ小さな声だったとしても、目の前で貼られた半額シールと同じくらい祝ってあげたいじゃないですか。

「どうしてそんなに声が小さいの！」と怒鳴るのは、いくらなんでも無茶すぎる。


「どうしてできないんだ！」じゃなく「どうやったらできるかな？」がプロなんだよ。

だから、わたしたちは「どうしてできないんだ！」のまえに「〝ふだん〟どのくらいできるんだろう？」をしっかり見て考えていかないといけません。

そして「ふだん」から、どのくらいまで「できる」ようになるかを考えます。

プロの仕事は「ふだん」のそのさき

「ふだん」１００メートルに15秒かかる子どもだったら、14秒を目指します。

子どもにあれこれ教えることでお金をもらうプロの教員が考えなくちゃいけないのは「どうして１００メートルを10秒で走れないの?!」ではなく「どうやったら14秒で走れるんだろう？」です。


夏休みに、学校から毎日の生活を記録する課題が出されました。

（とはいえ、特別支援学校は「子ども（や家庭）の実態に合わせて」が基本なので、この課題ができないことに関して強く言及することはありません。しない（できない）子どもも少なくありません。）

そんな中、担任していた文章や漢字が苦手な男子生徒が

「先生、この課題をがんばろうと思いますが、たぶんほとんど家にいるので書くことがないです。あと文章もうまく書けないです」

と相談してきてくれました。「ふだん」の様子を見ながらこんな声をかけました。

「相談してくれてありがとう。じゃあさ、中身はなにを書いてもいいよ。日記でもいいし、小説でもいいし、好きなことについて書くだけでもいい。文章は9月からいっしょに直していこう。どれだけ間違えてもいいから、まずは書きたいように書いてきて」

すると彼は、ページのほとんどを埋めてきました。1日の出来事を書いたページもあれば、好きなHIPHOPやホラー映画をおすすめしてくれるページもありました。

（従来の課題通り）「毎日の生活を記録」に限定しちゃうと苦しんでしまう「ふだん」の彼は、このように課題をやわらかくしたことで毎日の記録をたのしんで記してくれました。

このことを通じて、彼に足りないのは「毎日取り組む姿勢」でないことは明らかです。あとは文章力や表現力の問題です。

「生活の記録は書けないからやらない」ではなく、やれるところから手をつけていく

「どうしてできないんだ！」じゃなく「どうやったらできるかな？」がプロなんだよ。

ことができました。

そうやって自ら課題に向かってくれた彼は、夏休みが終わったあとも書くことをやめませんでした。

こんな風に、ひとりひとりの現状や実態から「ふだん」をなるべく把握して、のびしろを伸ばしていくことが大切です。


また、「どうしてできないんだ!」には**「こっちの思うようにいかない」**が含まれているかもしれません。

わたしたちは、子どもを言いなりにしたいわけじゃないんです。大人の指示がないと動けない子どもを育てたいわけじゃないんです。

こっち側の「こうしてほしい」「できなきゃいけない」が強すぎて、子どもたちの「ふだん」や「(今はまだ)できない」に腹を立てていないか、「こっちの思うようにいかない」になってないか立ち止まって考えましょう。

チューニングして生きていく

教育とは、鳥に海の泳ぎ方を教えることではありません。魚に空の飛び方を教えることでもありません。

人は、理想と現実のギャップがあればあるほど苦しんでしまいます。だから、そのひずみをチューニングしないといけません。

弦をゆるめたり締めたりして、理想と現実の不協和音を少しでも調整できたら、今よりちょっと生きやすくなるんです。

「どうしてできないんだ！」と怒るエネルギーがあるんなら「どうやったらできるかな？」を考え、実践することにエネルギーを使っていこうじゃないですか。

いつだって子どもたちの「ふだん」からはみ出たがんばりにクラッカーを鳴らせる大人でいたい。

「どうしてできないんだ！」じゃなく「どうやったらできるかな？」がプロなんだよ。

「やりたいこと」と「できること」の
重なるところを探していくんだよ。

特別支援教育は「オーダーメイド」

特別支援学校って、（事実上）教科書がないんです。

つまり、「小学校2年生でかけ算ができる」のように「この学年ではこれを教えましょう」なんてことが決まってないんです。

今年度、小学校で2年生を担任した先生が来年度もおなじ小学2年生を担任すれば、おなじ内容（学習事項）を教える1年間です。

教える内容がおなじで、教える子どもだけが変わります。

ですが、特別支援学校はちがいます。おなじ小学2年生でも、ひとりひとり（もしくはクラスや学年の実態で）教える内容が変わります。

教える子どもが変われば、教える内容も変わります。

では、教科書もなく学年で教えることも決まってない特別支援学校ではどうやって「教えること」を決めていくのでしょうか。

結論から言いますね。

特別支援学校で「教えること」、それは保護者の「子どもに身につけてほしいこと・できるようになってほしいこと」と、わたしたち教員が「身につけてあげられそうな

「やりたいこと」と「できること」の重なるところを探していくんだよ。

もの・教えることができそうなもの」の重なるところです。

「やりたいこと」と「できること」の重なるところから見つけます。

「やりたいこと」は目標、「できること」は視点

保護者のニーズは抽象的なものから具体的なもの、大きいものから小さいものまで様々です。

このニーズを、教員との面談で整理して「この1年間（もしくは数ヶ月）でできること」に落とし込んでいきます。

たとえば「ひらがなが書けるようになってほしい」というニーズがあったとします。現時点で、この子はまだ正確に書けるひらがながありません。

ここは「やりたいこと」を告げる場なので、もちろん「ひらがなが書けるようになってほしい」という保護者ニーズが間違っているわけではありません。

ただ、目標が漠然としすぎています。このままでは、手のつけどころに困ります。

だから、わたしたちは「(この1年間で）できること」の目線を加えて調整します。

まず、「ひらがなが書けること」でなにを目指すのかを共有します。

ここで保護者から「自分の名前を書けるようになってほしい」と返答があれば、目標は「ひらがなを書けること」から「自分の名前をひらがなで書けること」に変わっていきます。

仮に名前が「さとう いちろう」だったとします。

ここから、教員（と保護者）は「この子が1年間で書けそうな文字」を考えます。その結果「さとう いちろうのフルネームをひらがなで書けるようになる」が目標になるかもしれないし、名字の「さとう」だけになるかもしれない。もしくは書けそうな文字を抜き出して「い」「う」「ろ」の3文字を目標にするかもしれません。

このように、特別支援学校では「やりたいこと」と「できること」の重なるところを探して目標を立て、手立てを考えて実践していきます。

もちろんやっていく中で、目標や手立てを修正することだってありますが、基本的にはこうやって**オーダーメイドの計画**が立てられます。

「やりたいこと」と「できること」の重なるところを探していくんだよ。

わたしだけの道のりを見つめる

ここまで、すべて特別支援学校の目標の立て方を説明しましたが、これって社会で働くわたしたちだっておなじだと思いませんか？

学生時代のほとんどは、先生が教える教科書をただひたすら暗記し、理解して、テストで点を取ることに努めてきました。

ですが、社会に出て、ひとりひとり異なる生活を送るわたしたちにもう教科書はありません。自分の「やりたいこと」と「できること」の重なるところを探してやっていくしかありません。

そのためには「やりたいこと」を丁寧に見つめます。

「なんのためにひらがなが書きたいんだろう？」と考えます。ひらがなじゃなくカタカナではダメなのか？　ひらがなを50音すべて書けないといけないのか？と自分の「やりたいこと」をできる限り具体的にする作業を行います。

漠然と「お金持ちになりたい！」「痩せて綺麗になりたい！」より「年収3000万円になりたい！」「5kg痩せてあのブランドのワンピースを着たい！」のほうが、「やりたいこと」に輪郭がつきます。

そして、その輪郭の中で「(今の自分がこれくらいの期間で) できそうなこと」から手をつけていきます。

資格を取る勉強をはじめたり、ホットヨガに通い出したりします。

そして「できること」がどんどん大きくなっていけば「やりたいこと」と重なる部分がどんどん大きくなっていくんです。

遠くのうつくしい景色を見つめながら、足元の歩ける道をしっかり選んで一歩ずつ近づいていく道中を、きっと「成長」って言うんだよ。

「やりたいこと」と「できること」の重なるところを探していくんだよ。

巨大な敵は、倒せるサイズに
小分けする。

このむつかしい話わかる?

「できない」では大きすぎる

いろんなチャレンジを、すぐ「できる」と「できない」の大きなふたつに分けてしまうと2秒でしんどくなっちゃいます。

目が合った瞬間に白旗を上げたくなる「できない」という敵も、倒せるサイズに小分けすると勝てる希望が見出せます。

ほとんどの「できない」には「できる」が含まれているからです。

特別支援教育では「できない」を分解していくことをとても大事にしています。

問題を小分けにすることで「どこまでできるか」「どこからできないか」「どこを回避できればうまくいくか」こんなことに気づくことができます。

たとえば「カップラーメンがつくれない」子どもがいたとします。

でも、ほとんどの場合、すべてができないわけじゃありません。

たたかう相手を見きわめる

カップラーメンをつくるのには、

説明（つくり方）を読む。

フィルムを剥がす。

フタを開け、液体スープとかやくを取り出す。

かやくを麺の上に乗せる。

お湯を沸かす。

容器に適量注ぐ。

3分待つ。

液体スープを入れる。

かき混ぜる。


このような工程（手順）があります。

基本的に「カップラーメンがつくれる」はこれらの工程をすべてできることを指しますが、「カップラーメンがつくれない」はこれらの工程がすべてできないわけじゃありません。

今回のケースでは、これらの工程において「お湯を沸かす」だけが「できない」とします。

お湯がないと「カップラーメンがつくれない」わけですが、問題を分解することで、この場合の問題は「カップラーメンがつくれない」のではなく「お湯を沸かすことができない」だと気がつきます。

見方を変えると、「お湯を沸かすことができる」ようになれば「カップラーメンをつくることができる」になります。

そうすると向き合わなければならない問題は「どうすればお湯を沸かすことができるか」の一点です。練習して解決していかないといけないのは、この一点です。

すがたが見えれば戦える

このように「カップラーメンがつくれない」と巨大な敵に白旗を上げるのではなく、現状や工程を洗い出し「どこまでできるか」「どこからできないか」「どこを回避できればうまくいくか」を考え「お湯を沸かすことができればカップラーメンがつくれる」まで小分けにした敵と戦う見通しをもつことができれば、チャレンジする気力が湧きます。

あとは具体的に「どうすればお湯を沸かすことができるか」です。

ガスコンロの使い方がわからないなら、それを学ぶことからはじめます。ガスコンロが使えないなら、電気ケトルを使うなど他の手段で解決できないか考えます。

また「お湯だけ沸かしてもらえれば、カップラーメンをつくることができます」とだれかに助けを求めることができれば「カップラーメンがつくれる」とほとんど同じです。

頼まれた方だって、「カップラーメンがつくれません」と言われるより「お湯だけ沸かしてもらえれば、カップラーメンをつくることができます」と言われたほうがずいぶんスムーズです。子どもの自立に近づきます。

このように特別支援学校では、子どもの「できない」を分解し、整理して、どうにかこうにか倒せる方法を探します。子ども自身に「問題との向き合い方」を伝えます。

もちろん、簡単に分解できる問題ばかりではありません。人間関係や、メンタルの問題は、工程も手順もないかもしれません。

それでも「問題を構成する要素」に分解することはできます。**避けたいのは、うんうんと悩むだけの時間を消費すること**です。

悩む時間で「問題を構成する要素」を思いつくだけ書き出しましょう。その上で「コントロールできること」と「コントロールできないこと」を視覚的に理解するだけでも、「コントロールできないこと」で悩むのはもったいないなと判断することができます。

「明日雨が降ったらどうしよう」と「コントロールできないこと」にうんうん悩むなら天気予報を見て、雨具の準備をはじめましょう。洗濯をするのは明後日にすると決めましょう。そしてしっかり落ち込みましょう。あなたのメンタルは「コントロールできない」んだから。

あ、最後にひとつ。どうやっても倒せない敵は倒せません。

ただ、「勝ち目がないから逃げなくちゃ」と判断するために、「小分け」にしないといけません。

自分をドキドキさせるには、自分を適度にだますこと。
このむつかしい話わかる?

自分の庭からとびだす

「自分」って、いつの間に固まってたんでしょうね。

知らぬ間に、いつの間にか。ずっとおなじ「モノサシ」を使って、いろんな人やモノを測ってる。

「自分」の考えや価値観、癖（へき）や趣味嗜好から遠ければ遠いほど、つまり「モノサシ」からはみ出ればはみ出るほど「自分」には関係がないし、知ることも理解することも必要ないと感じちゃう。

思うんです。近頃どうも「共感」の価値が高すぎやしないかって。

「共感した」は「おもしろい」とイコールじゃない。そしてなにより、「共感できない」は「おもしろくない」とセットじゃない。

「共感できなかった」「思ってたのと違う」でつけられる☆2つのレビューは、ハッキリ言って価値がない。共感できなくても、思ってたのと違っても、その感情と作品を切り離す練習をしなきゃいけない。

「自分」の価値観や趣味嗜好の外側だとしても、少しはそれらを知ろうとする姿勢が大事だよ。理解できなくても、思ってたのと違っても、脊髄反射で「おもしろくない」と決めつけるのはちょっとどうかと思うんだ。一度は味見をしてみたい。

だから、わたしたちは「自分」を固めすぎないように、適度に自分をだましていけばいいんじゃないかな。

「自分らしくなさ」を知ることが、より「自分らしさ」を知ることかもしれないし。

びっくりしながら、ときめきながら

凝り固まった「自分」に、「違和感」をねじ込む。

凝り固まった「日常」に、「非日常」をねじ込む。

なにもむつかしいことじゃない。

ふだん選ばないカラーや服を選ぶ。食べないメニューを選ぶ。

ふだんとちがうルートで出社する。

目的なくビジネスホテルに宿泊する。

あたらしい髪型をオーダーする。

あたらしい習い事を始めてみる。

だれかに勧められた本を読んでみる。

こんなことからはじめたい。できることからはじめたい。

いつもとちがう「自分」を叩き込み、

「おいおい、いつもとちがうじゃねーかよ！　いつものおまえはそっちを選ばないし、そんなこともしないじゃん！　待て待て待て！」

クールに構えてたはずの脳みそを、一気に慌てさせてやりたい。**自分のモノサシから、はみ出たほう**を選びたい。たまには、もっと、自分をドキドキさせてやりたい。

ドキドキしながら「あ、わたしってこんなこと好きかもしれない」「食わず嫌いだったけど、やっぱり食っても不味かった」なんてことを頭だけじゃなく、体の全部で味わいたい。五感をすべて使いたい。

ちがったら、ちがったでいいんだよ。

よくないのは、知ろうともせず、分かろうともせず「合う」「合わない」を簡単に決めてしまうこと。それ以上に「合う」と「合わない」を「好き」と「嫌い」に間違ってしまうことなんだから。

わたしも知らないわたしに出会おう

意味もなく、理由もなく、平日に年休を取った。特別支援学校のことを忘れ、目的なく1日を過ごしてみた。

ふだん乗らない電車に乗って、知らない駅で降りてみる。

ふだん行かない図書館に行って、営業をサボって居眠りするおじさんを見つける。

ときどき「今ごろ3時間目かな。今日の給食なんだっけ?」なんて特別支援学校の先生として「ふだん」の自分が顔を出すけれど、どこか他人の人生を覗き見してるような距離を感じる。

人は、人の数だけ考え方があって、好きなことがあって、嫌いなことがある。

人は、人の数だけ生活があって、たのしいことがあって、苦しいことがある。

たまには自分をだましてないと、そんなことさえ忘れちゃう。

「先生」に収まりきらない人生を思い出す

今、たまたまこうやって「特別支援学校の先生」として障害のある子どもたちや支える保護者といっしょに学校生活を送っているけれど、そうじゃない1日を過ごしているうちに「ちがう生き方もあるよな」とあたりまえのことをあたりまえに思う。

わたしは今の「日常」がとても好きだし、たのしめている。しあわせなことだ。ちゃんと帰ってくる場所がある。

だからこそ、思う。旅の恥はかき捨てなんだと。非日常という「旅」で、ふだんの自分じゃかけない「恥」をかいてくる。そうやって自分をドキドキさせて、かいた恥は捨ててくる。

旅がたのしいのは、帰る家があるからだ。

非日常がたのしいのは、戻れる日常があるからだ。

自分じゃない自分がたのしいのは、ふだんの自分がいるからだ。

良くも悪くも、人はそんなに変わらない。ふだんの自分は変わらない。

でも、だからこそ、たまには自分をだましてさ、ドキドキするものいいじゃない。

第２章

なりたい自分がみつかった日に

いつだって「ツッコミ」じゃなく「ボケ」でいたい。

このむつかしい話わかる?

「ツッコミ」は「ボケ」がいてこそ

自分の主張を「正しい」とアピールするいちばん簡単で効果的な方法は、だれかの「正しい」を「正しくない」と言うことだ。

簡単なのよ。「ツッコミ」だけしておいて、スマートに見せるやり方は。

簡単なのよ。ほころび見つけて揚げ足とって、マウント取っちゃうやり方は。

だれかのつくり上げた作品に「おもんない」と一言ぶつけるだけで、勝ち誇ることができます。だれかの失敗に「ほら見たことか」と物知り顔で放つことで、優位に立てます。

「ツッコミ」が存在するためには「ボケ」がいないといけない。「ボケ」は自らはじめられるけど、「ツッコミ」は「ボケ」なしでは成り立たない。本来、「ツッコミ」は「ボケ」のおかしさやおもしろさを解説し、増幅させる装置じゃないといけない。

それなのに、「ボケ」を踏み台にして蹴落として、自分だけいい格好だけしようとする「ツッコミ」の多いこと多いこと。

人は、失敗をします。

人は、間違いを犯します。

人は、見せられる顔と、見せられない顔があります。インターネットもテレビも世間も、人の失敗や裏側が大好きです。そして、自分の考える常識からはみ出た行為をこれでもかと「ツッコミ」ます。どれだけ自分と関係なくても、どれだけ自分と距離があっても、知らないだれかの蜜の味を求めます。

せめて「いたい」と願っていよう

「ボケ」は「社会や常識に穴を開けること」です。「ボケ」の人がいないと今でも地球はまわってないし、空飛ぶ乗り物もありません。「地球がまわるわけないじゃん」「は？　鉄が空を飛ぶわけねーし」と「ツッコミ」を入れてるだけでは世界はなんら変わりません。

今までもこれからも、社会や常識に穴を開けにいった「ボケ」側が、世界を変えてきたんです。

では、わたしたちが常に「ボケ」側で「いる」ことはできるでしょうか？もちろん、簡単なことではありません。みんなができることじゃありません。

試されるように人前に出ること、逆風の中で自分の主張を伝えることができる人は決して多くありません。

だから、せめてボケ側で**「いたい」と願うところ**からはじめましょう。少しずつ「いる」の方に寄りましょう。

常に「ボケ」でいられなくても、ボケで「いたい」と思うことで、「ツッコミ」の速度が緩まります。「ツッコミ」の強度が弱まります。

「ボケ」の怖さや苦しみを、痛いほど想像できるから。

そして、「ボケ」を踏み台にする間違った「ツッコミ」ではなく、「ボケ」を増幅させる正しい「ツッコミ」ができるようになります。「ボケ」ることはできなくても、「ボケ」をサポートする「ツッコミ」でいられます。

会議やミーティングで、人の意見に反応する「ツッコミ」ですまし顔をキメるばかりじゃなく、自分のアイデアや決断で「ボケ」る練習をしていくんです。

拍手で受け入れられることもあれば、嘲笑されることもあります。

それでも「ボケ」た自分に胸を張ってください。いつだって。

小さな世界をたくさんもつ

常に「ボケ」側でいることは、相当にしんどいです。もしあなたがボケてボケてボケて疲れ切ってしまったら、ちょっとしたアドバイスがあります。

それは「ちがう世界に住まわせた、ちがう自分にボケてもらう」感覚を養うことです。たとえば多くの「ボケ」を求められる職場では「職場の自分」にボケてもらうんです。どれだけスベろうがツッコまれようが、退勤したあとのあなたにはなんら影響を与えません。「職場の自分は今の自分とは関係ない」とセルフ他人事にしてしまいましょう。

わたしはよくやります。職場でいくら失敗しても「所詮は職場の自分だし」と言い聞かせて気持ちをコントロールします。

なるべく「家での自分」に影響を与えないように、切り離します。

できるだけ小さな世界をたくさんもってください。仕事の世界、家族の世界、趣味の世界、SNSの世界、習い事の世界…いろんな世界にいろんな自分を住まわせます。たくさんの世界にたくさんの自分を住まわせながら「ボケる自分」を住まわせる世界をつくります。あちらの世界で泣いてても、こちらの世界で笑いましょう。

「どれがほんとうの自分だろう」なんて考える必要はありません。**すべて「ほんとうの自分」です**。ボケなきゃいけない世界ではボケてボケてボケまくり、傷付いたらちがう世界で休みましょう。

特別支援学校に通う子どもたちは最高です。わたしたち大人がつくった「常識」をみんな何度も軽々と飛び越えていきますから。

「思てたんとちがう！」と何度も頭を抱えます。

この子たちが輝けるように、わたしたちは世間に対しもっと「ボケ」てかないといけません。それができないなら、彼らの「ボケ」を後押しをする「ツッコミ」じゃなければなりません。

大げさなことはいりません。革命も伝説もいりません。

地動説を唱えなくても、飛行機を開発しなくてもいいんです。

ただ、日常にひそむ小さな疑問や好奇心に、小さな勇気と疑問をもって穴を開けていきましょう。

スベった数だけ、人は強くなれるから。

必要なのは「休み」じゃなくて
「休養」なんだ。

このむつかしい話わかる?

休めてます？

学校の先生は、悲しいことに「ブラックな職業」の代表になってしまいました。教員に関するニュースは過酷な労働環境に関することばかりです。もちろん比例して、教員が心身を壊しちゃうニュースも目にします。

公立学校の先生は、会社員でもフリーランスでもプロレスラーでもない、ただの地方公務員です。労働は、1日8時間。休みは土日祝、有給は年に20日間。くわえて福利厚生もむちゃくちゃしっかりしています。

つまり、「本来は」極めてホワイトな職場であるはずです。

じゃあ、なぜ、こんなにも苦しい環境が続き、優秀な先生がこの仕事から去っていくのでしょうか。

答えは出ています。「休養」できてないからです。

定義的な「休み」はありますよ、さっきも言った通り。でも、「休養」が足りてない。**仕事のことなんて一切忘れて、自分の心身を思いっきり甘やかすだけの時間**が足りてない。仕事終わりにエステに行って一杯飲んで、家でソファに寝転びながら推しのYouTubeを観る時間が足りてない。

「だれにも見せられない自分」の時間をつくる

大学時代、教職の授業を受けてたらどこかの元校長が語気を強めて言いました。わたしたち教員を目指す学生をまえにして「教員は、24時間教員でいなければならない」と。あまりにも強烈で、今でも踏んづけたガムのようなしつこさで脳裏にへばりついています。

圧倒的に否定します。

彼は主語を間違えています。

「わたしは、24時間教員でいなければならない」ならお好きにどうぞ、です。だれも彼を止めません。

ですが、「(すべての) 教員は、24時間教員でいなければならない」わけないじゃないですか。

だから、でっかい声で伝えます。

オンとオフ、しっかり切り替えていきましょう。

大切なのは、24時間教員でいることではありません。与えられた「就業時間内だけ」、教員としてベストなパフォーマンスをすることです。

もちろん、プライベートな時間だからと言って、子どもや保護者は「○○さん」ではなく「○○先生」として見ています。

でも、だからって必要以上に襟を正す必要なんてありません。常識のある、ごく一般的な大人として街を闊歩すればいいんです。

そして、だれにも見られないところで、だれにも見せられない姿をしてていいんです。なにも悪いことなんかしてません。明るい役ばかり演じるあの俳優が、プライベートでは誰ともしゃべりたくなくていいんです。

毎日のように定時に帰り、週末は好きなことをしてゆっくり過ごす。これが理想です。望む人すべてが、本来できてあたりまえの環境です。

ふたりで起こす小さな「革命」

ただ、残念ながらそうはいかない学校があるのも確かです。これを「個人の努力不足」だなんて口をバールでこじ開けられても言いません。あなたもわたしも、本当によくやっています。**狂ってるのはシステム**です。

それでも言います。休養しましょう。無理にでも。なんにもしなくていい時間を、ひたすら心身をいたわる時間を、どうにか確保してください。

先生は、まじめな方が多いです。

「授業準備がまだちゃんとできてない」「わたしが休んだら、ほかの先生に迷惑がかかる」いろんな休養できない理由が脳内にかけめぐり、聞こえない声が聞こえ、時間外労働に突入します。

ハッキリ言います。あなたがいなくても、学校はちゃんとまわります。どんな職業のどんな人がいなくても、その組織はまわります。

だから、休養してください。しんどくなりすぎるまえに。

まだ仕事が残ってるのに、ほっぽりだして帰るのは勇気が必要です。まわりの目だって気になります。

こわくて、その一歩が踏み出せないのなら。どうにか、見つけてください。ひとり、見つけてください。おなじように休養が足りてない人を。

そしてふたりで帰りましょう。

小さな革命は、ひとりでは起こせません。いつだって、ひとり目を支え続けるふたり目が必要です。いつしかそのふたりの行動は3人、4人と続くかもしれません。


ひとりでできないことは、ふたりでやればいいんです。

わたしは、自分が関わっている子どもたちが、仕事に追われ苦しみ、プライベートを失い、心身を壊していく大人になってほしくありません。

仕事が終わればあたたかい風呂に入り、アイスを食べ、ゲームにいそしんでほしいです。

だから、わたしは休養します。子どもたちに、そうあってほしいから。

休みの日に、仕事のことなんて考えません。24時間、教員でいることなんてありえません。

だれにも見られないところでだれにも見せられないセクシーな姿で自分の心と身体を限界までいたわって、明日も仕事をがんばります。

じゃあそろそろ寝ようかな。とりあえずパンツでも履いて。

大事なのは「なんかいいことないかなぁ」じゃなくて「なんかいいことなかったかなぁ」なんだよ。
このむつかしい話わかる?

過去は「解釈」で変えられる

はじめに言っておきますね。めちゃくちゃネガティブなんですわたし。守護霊？ってくらい不安と心配が背後にべっとりつきまとっています。

それでも、ボロボロの心身を引きずり、匍匐前進《ほふくぜんしん》でたどりついたベッドでは「今日たのしかったこと」「今日がんばったこと」を考えながら「なんかいいことなかったかなぁ」と眠りたい。

よく言うじゃないですか。強くてポジティブな人が「過去は変えられない、変えられるのは未来だけ」って。あれ、疑ってるんですよ。

というのも、たしかに過去に起こったことは変えられません。ただ、変えられる未来だって思うようにはいかないですからね。

今、たしかにAかBか未来は選べます。変えられます。

でも、Aを選んだほうがよかったのかBを選んだほうがよかったのかなんて結局わからないんですよ。選んでないほうの選択肢は選べないんだから。

でもね、「Aにしてよかった」はできるじゃないですか。もちろん「Bにしてよかった」もできるわけですよ。

大事なのは「なんかいいことないかなぁ」じゃなくて「なんかいいことなかったかなぁ」なんだよ。

つまり、過去に起こったことは変えられないし、変えられた未来だって正解かどうかわからない。だったら、いちばん変えなきゃいけないのは「過去の解釈」じゃない？　つまり、「決断の肯定」です。

過去を正解だとする力、都合よく事実を受けとめる力があれば、過去は**解釈によって**変えられます。

過去は、変えられるんです。

過去を肯定する魔法の言葉

そして「今」だって過去を含みます。今まで今だった今は、もう過去ですから。今を肯定することは、過去を肯定することです。

学校の先生、さらに特別支援学校の先生なんてしていると、思うようにいかないことだらけです。

子どもが食いつきそうな授業を考えて、学校の中だけじゃなく外でも使えるような教材や支援の方法をその子に合わせてオーダーメイドで準備する。

さぁ、準備万端！と張り切って授業に臨んだら「指のささくれが気になって授業どころじゃない」なんてことばかりですから。

おーい、教材見てくれーい。先生の話を聞いてくれーい。なんて言っても、ささくれのほうが200倍大事な問題です。短冊に書いた「非課税で2億ください」ほどこっちの願いは届きません。

こんな未来、コントロールできるわけないじゃん。

だから、唱えるんです。想像してなかった目のまえの今と、がんばったのに空回った過去を肯定する魔法の言葉を。

「それは、それであり」

もうね、しょっちゅう言ってます。それは、それでありなんですよ。そうつぶやいてりゃ、脳みそが勝手に「それはそれであり」なことを探してきてくれるんですよ知らんけど。

「それは、それであり」から出直す

わたしは、あみだくじの考え方が大好きです。

「めちゃくちゃたのしかった今日」にたどり着くことができたら、それまで曲がって

大事なのは「なんかいいことないかなぁ」じゃなくて「なんかいいことなかったかなぁ」なんだよ。

きた過去はすべて必要な線だったんですよ。

どこか別のところで曲がって、ちがう線を進んでいたら、「めちゃくちゃたのしかった今日」にはたどり着けなかったわけですから。

だからね、後悔だらけのやっちまった過去を肯定するには、今を肯定するしかないんです。

大事なのは「なんかいいことないかなぁ」じゃなく「なんかいいことなかったかなぁ」と過ぎた1秒まえのこと、さっきまで今だった過去を肯定していくことです。

もちろん、そんなこと簡単にはできません。「なんであんなことしちゃったんだろう」「どうしてこんなことになってしまったんだろう」とやっぱり頭を抱えることばかりです。

だから、練習しましょう。

「それは、それでありなんです。」と唱え現実をごまかしながら「めちゃくちゃたのしかった今日」がおとずれるのを待ちましょう。

雨が降って水泳の授業ができなかった。それは、それでありなんです。

連絡帳を渡し忘れた。それは、それでありなんです。

校長を教頭と呼んじゃった。それは、それでありなんです。

スマホとリモコンを間違えた。それは、それでありなんです。

パンツを履き忘れた。それは、それでありなんです。


そしたら過去は変えられます。「めちゃくちゃたのしかった今日」にたどり着くための必要な道に変わります。

もちろん、すべての過去を肯定的に捉えることなんてきっとできないし、無理にする必要もありません。

あのときの悲しみは、悲しいまま取っておいてもいいんです。

ただ、その悲しみに足を取られ続け、前に進めないのなら、どれだけ小さくてもいいから一歩を踏み出す練習をしていきましょう。

悲しみを抱えたままでいい。

曲がった道を振り返って悲しんでばかりいるのなら、どうにかこうにか、次の曲がり道で泣きましょう。

大事なのは「なんかいいことないかなぁ」じゃなくて「なんかいいことなかったかなぁ」なんだよ。

子どもたちにできる限り機嫌よくいてもらいたい。
そのためには先生たちができる限り機嫌よくいたい。

ぎこちなくてもいい

人前に立つ仕事、人と触れ合う仕事で、「不機嫌でいること」はほんとに罪深いです。特に、先生と子ども、上司と部下みたいな指示をする側とされる側の関係だとなおさら。

「たのしい空気」は伝染します。「たのしくない空気」も伝染します。じゃあその空気の正体はなにか？　多くの場合、「力の強い人の機嫌」です。

だから力の強い人が「いつも機嫌がいい」とか「とっても愛嬌がある」なんてのは、それだけでとんでもなくチームの助けになります。

反対に、いつも不機嫌だとか、しょっちゅう怒鳴って怒ってるのは、それだけでチームが崩壊していくんです。だって、不機嫌な先生が目のまえにいて、子どもが機嫌よくいられるわけないでしょ。

そりゃあ生きてりゃ嫌なことだって腐るほどあるよ。心無い一言を言われたとか、全部こっちのせいにされたとか、腹の立つことも許せないことも有り余るほどある。

でもね、就業時間内だけは、せめて子どものまえだけでも、自分の限界まで機嫌よくいられるように努めないといけないんだよプロだから。

子どもたちにできる限り機嫌よくいてもらいたい。そのためには先生たちができる限り機嫌よくいたい。

ほんとはたのしくなくても、子どもが「先生たのしそう」と思ってくれたらそれは「たのしい」でカウントしていいからね。

だから、ぎこちなくても機嫌がいいふりをしていこう。それが大人の役割だから。

チームにとって「一発レッドカード」

そして、まわりの先生たちが機嫌よく働けているか気にしていきたい。

たまにいるんです。子どもや保護者（＝お客さん）にはやさしいのに、同僚にはきびしく意地悪な先生が。

「あの先生はここがダメ、あれがダメ！」「あんな格好してる」「こんなこと言ってた」

もちろん正しい指摘や適切なアドバイスなら必要です。でも、「好き嫌い」「自分の考えや感覚との差異」「ストレスの捌け口」がベースにある指摘やアドバイスだと感じたら、白目で話を聞きましょう。そして自分がそうならないよう、テストに名前を書いたかどうかくらい何度も確認してください。

あと、どれだけ正しいアドバイスでも、いつも厳しく伝えなきゃいけない必要なんてどこにもないから知っててね。やさしく言っても伝わるよ？
ちなみに、どんな理由でも**子どものまえで他の先生の悪口や短所を話すのは絶対にいけません**。子どものまえで見下した先生は、子どもが見下していいと勘違いしちゃいます。一発レッド、罰金2億。

わたしたちはチームです。特別支援学校なんて、数人の子どもたちに複数の担任がいることもめずらしくないし、ひとりで授業をするほうが少ないです。

いっしょに授業をしていく先生たちを見下して意地悪して、小馬鹿にして、その授業や教室が「たのしい空気」になるわけないんですよ。

大袈裟に言っちゃえば、年齢や経験、役職が上の人たちは下の人たちに「機嫌よくいてもらう」ことはほんとに大事な「仕事」です。（もちろん下の人もね）

そうやってチームをなるべく「たのしい空気」にして、パフォーマンスを上げてくことが、お客さんに悪い影響を与えるはずなんてないんだから。

ただ、馴れ合いのなぁなぁな関係をつくっていこうって話じゃないですからねもちろん。

あくまでも「子どもにできる限り機嫌よくいてもらいたい」からそうしてるわけで、お客さんのためにならないのは、ヘラヘラしてるだけのダメな空気です。念のため。

69　**子どもたちにできる限り機嫌よくいてもらいたい。そのためには先生たちができる限り機嫌よくいたい。**

機嫌よくいるってむつかしいけど

じゃあ、どうやって「できる限り機嫌よくいる」のか。

それはもう自分だけの「取り扱い説明書」をしっかりメンテナンスしておくことです。日頃から。

どんなときに機嫌がよくなって、どんなときに機嫌が悪くなるのか。少しでも機嫌がよくなることをして、少しでも機嫌が悪くなることをしないことが原則です。

ちなみにわたしは「寝不足」と「空腹」がいちばんの敵です。だから朝ごはんもしっかり食べるし、最低7時間は眠ります。

だからできる限り定時に帰ります。だって、不機嫌になるわけにはいかないから。

どれだけ授業がうまくいっても、不機嫌な先生で子どもがうれしいわけないし。

早く帰って、おいしい食事をして、あったかいお風呂に入る。お酒でも飲みながらテレビを観たり漫画を読んだりして、なるべく長い時間よく眠る。

そうやって、わたしは自分の機嫌をできる限りコントロールしていきます。


ただ、どうしてもだれかの不機嫌に巻き込まれちゃうこともあります。もしそうだと感じたら、もう**逃げるが勝ち**でよくないですか？
反論して、戦って、もし相手に謝ってもらえたり考え方を多少変えることができたとして。使ったのが、その結果に見合うだけの労力や時間じゃなかったとしたら。身も蓋もないことを言いますが、さっさとこの場をやりすごしちゃう方がメンタルにも時間にもプラスなことが多いです。不機嫌な人って振り上げた拳を降ろせないことばかりだから、どうしても退けないこと以外さっさと頭を下げちゃいましょう。もらい事故だと割り切って、下げた頭頂部を相手に向けて地面を見つめながら、ちゃっかりベロを出して終わりにする。
あなたのプライドはそんなことじゃ削れません。どうでもいい小さな諍いにはさっさと負けて、ほんとに大事な勝負のために力を貯めておきましょう。

機嫌のことを、軽く考えちゃいけません。機嫌と肌の調子は、良ければ良いだけいいんです。

あなたのつくる「たのしい空気」が、みんなをたのしくしてくれる。

子どもたちにできる限り機嫌よくいてもらいたい。そのためには先生たちができる限り機嫌よくいたい。

歯磨きがめんどくさいのは、
歯ブラシを口に入れるまで。

このむつかしい話わかる?

一歩め踏み出せたらこっちのもん

脳科学者の池谷裕二さんが言ってました。「やりはじめないと、やる気はでない」って。

いや、これほんとにほんとにそうなんですよ。仕事に行くのはもちろん、料理をするのも、部屋片付けるのも、歯を磨くのも風呂に入るのもめんどくさい。なんなら外に出ることがめんどくさくて、半ば強引に家で生活を完結させることだってある。

でもさ、口の中に歯ブラシさえ突っ込んじゃえば、歯を磨くしかないじゃない。

つまり、わたしたちは「めんどくさい」を倒すために、「はじめの一歩」をとにかく踏み出す工夫が必要です。どれだけ小さな一歩でも、踏み出さなければ二歩目は絶対出ないから。

環境にアプローチし続けるお仕事です

特別支援学校で働いていても、しょっちゅう意識することです。子どもには大人とおなじで「やりたくない」が海外の野菜売り場くらい山盛りです。

今、大人になって先生という立場だから「やったほうがいいよ」「できたらいいよ」と思うことを伝えて教えて、やってもらおうとするわけだけど、子どもたちからしたら知ったこっちゃない。

わかるわかる、自分が学生のとき「なんでこんなことしなきゃいけないんだよ」ってこと吐くほどあったもん。デシリットルいつ使うん?

もちろん、そこを上手に「やりたい」「やってみようかな」「やっちゃうな」なんて感じさせる授業や教材が用意できたらパーフェクト。とんだ一流教員です。

いつだってそうできればベストだけど、わたしたちだって全部の仕事や家事、もろもろの用事や雑務を常に「やりたい」だなんて目を輝かせてはいないわけじゃないですか。

むしろ、その多くが「やりたくないけど、がんばるか」を出発点にしているわけです。先生として、子どもたちにもこの力を身につけてほしい。折り合いをつける力。で、この「やりたくないけど、がんばるか」にスルーパスを通してくれるのが「はじめの一歩」なんですよ。

つまり、歯ブラシを口に入れる行為です。

この「はじめの一歩」を踏み出したくなる、もしくは踏み出すしかない状況を意識ではなく環境にアプローチしてつくり続けることが突破口です。

「一歩め」攻略法をあみだす

自分の「めんどくさい」の原因をよーく探って、それをどうやって乗り越えていけばいいのか考えます。

朝起きて、歯を磨くのがめんどくさい。冷たい空気から身を守ってくれるあたたかい布団から這い出るなんて並大抵のことではありません。自ら布団をはぎ取り、洗面台まで歩いていくことが正気の沙汰とは思えない。

ただ、この場合。よく考えればほんとに「めんどくさい」のは「歯を磨く」ではなく「布団から出る（＝洗面台に向かう）」だと気づきます。

しなくちゃいけないのは「布団から出たくなる」また「布団から出るしかない」環境を設定することです。

どんなことをすればいいのでしょうか。

たとえば「目覚ましを洗面台にセットしておく」なんてどうでしょう。寝室との距離にもよりますが、そこそこの音量なら聞こえるんじゃないですか。

目覚ましがうるさい。でも止めるには洗面台に行くしかない。洗面台に行けば歯を磨く確率が上がります。

推しの写真を洗面台に飾っておくなど「洗面台に行きたくなる理由」も効果があるかもしれません。

特別支援教育の主砲は全人類に有効

性格や状況、趣味嗜好で施すアプローチは人によって様々ですが、特別支援教育の主砲である「物理的な環境を設定する」は全人類に有効なテクニックです。

まわりが気になって作業に集中しにくい子どもに「まわり見ないで作業して！」と意識に訴えるより、パーテーションつけて物理的に視線を切っちゃうほうが怒り怒られないんだからお互い得するじゃないですか。

コップのお茶をひっくり返して注目を集めることをたのしんじゃう子どもに対して「ひっくり返さないで！」の支援も大切だけど、**とりあえずストローマグにしちゃう方が早い**です。ひっくり返されても一滴もこぼれないんで。困った行動を無視できゃいます。

また、子どもや大人にかかわらず、弱い意志に立ち向かうのにも有効です。ある先生は「座って作業するとダラダラしちゃうから」とイスを無くしてスタンディングデスクを導入していました。

こうすると立って作業する以外方法がありませんからね。ナイスな作戦でした。

このように、いろんな工夫で「はじめの一歩」を踏み出してみましょう。

思ってるより、二歩目はずいぶん軽いから。

いつもいつも「あなたの日」なわけないじゃん。

このむつかしい話わかる?

「今日はこの選手の日じゃない」

ふだんの試合では絶対に決まるシュートがポストに弾かれ、キーパーのファインセーブで止められる。やっとの思いで揺らしたネットはVARでオフサイド。秀逸な点取り屋のシュートがなぜか決まらないそんな日を

「今日はこの選手の日ではない」

と伝える実況に、うまいこと言うなぁと感心する。

だれかが勝てば、だれかが負ける。だれかが成功すれば、だれかが失敗する。なにかがうまくいけば、なにかを犠牲にする。

こんなことは少し考えれば「あたりまえ」なのに、はじまるまえや、やってる途中は忘れちゃう。やってきた努力と準備に比例して、全部うまくいくと思っちゃう。

運とか、偶然とか、はたまただれかの仕業とか、いずれにせよ「コントールできないこと」を理由に負けちゃうことはあるんです。特に相手がいるあれこれは、どれだけ準備をしてたって、うまくいかないことだらけです。

そんなとき「あぁすればよかった」「こうすればよかった」と反省し、おなじ後悔を繰り返さないようにすることとおなじくらい、

「今日は自分の日じゃなかった」
とあきらめ**さっさと寝ちまう**ことは大切です。
いつだって、負けるときはこんなもんです。

だれも悪くなくても、「うまくいかない日」はある

教育の世界にも「学び手は常に正しい」なんて強くて格好いい言葉があります。早い話、子どもがうまくやれないのは教える側のせいだよね？って言葉です。わたしは好きじゃありません。

もちろん子どもは悪くない。でも、だからって上手に導けなかった大人が正しいことを適切にきっちりしっかり教えてるかもしれないじゃん。

大人は正しいアプローチをしてるけど「今日は自分（その子）の日じゃなかった」を勘定に入れてほしいんです。

だれも悪くない「今日は自分（相手）の日じゃなかった」なんてことはやっぱり絶対あるんです。

つーかさ、先生って「うまくいかない」のレベルが上がりすぎてない？　だれのせいでもないことを、先生のせいにされすぎてるよ。教室単位だって、すべてが安全に完璧にコントロールできるわけなんてないのに。

あとさ、これだけは言い切るけど20年前と今のわたしたちじゃ先生に求められるレベルが段違いだからね。

どんどんどんどん求められることだけ大きく多くむずかしくなって、だれのせいでもないミスや事故を「担任のせいだ」「もっとうまくやれた」なんてしょっちゅう詰められたらやってられないよ。スーパーマンだけが成立させられる現場じゃダメなんだって。


ときには「だれのせいでもないよね」「しょうがないよ」「そんなときもあるからさ」なんて、だれも責めず問題を空中にぶん投げることもしていこうよ。「水に流す」ってすてきな日本語をもっと愛していこうじゃない。ジャーっとさ。

「だれのミスだ！」なんて追及に、全員で知らんぷりしていこう。

そうやって、いつかの「うまくいく日」のために力を貯めておくのも大事じゃない？

次の試合をはじめるために

あきらめないと次の試合もはじまりません。

あきらめない試合は終了しません。でも、あきらめ続けること。

やっちゃいけないのはあきらめることじゃなく、試合はまだまだ続きます。

学校は1日だけじゃないし、授業は1回じゃありません。試合はまだまだ続きます。

全戦全勝なんて狙わなくたっていいんです。

フォワードは、2試合に1点獲ればスターです。

大事なのは「あきらめる勝負」なのか「あきらめない勝負」なのかを見極めること。

「今日は自分の日」なのかそうじゃないのかを見極めることです。

サッカーでは「ゴールはケチャップみたいなもの」と表現されます。いくらがんばっても出ないと思ったら、一気にたくさん出たりする。そんな意味です。

できることを、できる範囲で行った精一杯の準備なら、出ないケチャップに焦る必要はありません。

「今日はわたしの日じゃない」を乾杯の合図に冷たいビールを流し込み、明日のケチャップに期待して今夜はぐっすり眠るんです。

近いうち、でっかいオムライスを真っ赤に染めてやりましょう。

第３章

くやしくて涙した日に

評価なんて気にしないのが趣味で、評価される範囲でやるのが仕事。

このむつかしい話わかる?

「趣味」と「仕事」はなにがちがう？

「趣味」と「仕事」を分けるのは「他者評価の必要性」です。加えるなら「責任の重さ」です。

「趣味」には評価が必要ありません。

趣味で絵を描いている人は、好きな絵を好きなように、好きな時間に好きなペースで描き、それがだれにも評価されなくたって構いません。

もちろん、仕事で絵を描いている人も、好きな絵を好きなように、好きな時間に好きなペースで描けることもあります。

ただし「評価」と「責任」がついてきます。描いた絵を期限や予算、オーダーといった「責任」の枠に収めなければなりません。さらに、依頼した人やお客さんの「評価」を得なければいけません。だれかのニーズを満たさないといけません。

では、その「仕事」として「評価」を得るために考えないといけないことはなんでしょうか。

それは「得意かどうか」です。

「趣味」は「好き」だけで100点ですが、仕事は「得意」であることが大切です。

そして、「得意」をもう少し具体的に言い換えると**「かけてるコストに対して、得られる評価が大きいと感じられること」**です。

つまり、「自分があたりまえにやってることは、多くの人にほめてもらえるなぁ」「かけた時間やお金、努力のわりに、結構お金がもらえるなぁ」こんな感覚があることを「仕事」にしていけるとずいぶん働きやすいです。

「好き」にもいろいろあるはずだ

わたしは特別支援学校の先生が「得意」なので「仕事」にしていますが、「趣味」なら絶対やりません。「趣味」ならラジオや映画をたのしむこと、喫茶店でコーヒーを飲むことです。

ちなみに、このような一部分を切り取ってできあがるのが「好きを仕事にしよう！」もっと強いと「好きを仕事にしないと人生はつまらない！」なんて主張です。「好きでもない特別支援学校の先生なんてやってないで、喫茶店とか経営すれば？」

こんな意見をSNSなどでたくさん目にします。「独立」「起業」のようなイケてる単語とセットで語られることも多いです。

もちろんその生き方や働き方がたのしくて、かつ評価される（＝稼げる）人がいるのは理解しています。彼らのすることにひとつの文句もありません。

ただ、大きく稼いでたり、よく目を引いたりする人が言ってるから説得力があるように聞こえますが、置かれた状況のちがう他人の言葉に惑わされる必要はきっとどこにもありません。

自分がそれを「得意」かどうかよく考えれば、安易に飛びつくことはなくなります。喫茶店でコーヒーを飲むのは「好き」だけど、コーヒーを淹れるのは「得意」じゃありません。

その「好き」の作り手になれるか

「キャリア教育」なんてえらそうな言葉を使うつもりはありませんが、子どもたちにはこのように「好き」と「得意」を意識して考えてもらうようにしています。

ある子どもが「YouTuberになりたい！」と言ってきました。理由を尋ねると「YouTubeが好きでずっと観てるから！」と返ってきました。その子は「動画を観るのが好き」だけど、「動画をつくることが好き」ではありませんでした。

YouTuberになるなら「動画を観るのが好き」だけでは「仕事」になりません。「好き」を出発点にするのはすばらしいけど、少しずつ「動画をつくることが得意」に寄せていかないと仕事にするのはむずかしい。

もちろん「動画をつくる」の中には企画力だったり行動力だったりいろんなことが含まれています。

そのあたりまで考え、夢や目標を叶えていけるか考えていってほしいんです。

コーヒーとYouTuberの例からもわかるように「好き」は受け手でも構いませんが、「得意」は多くの場合作り手でなければいけません。

インプットよりアウトプットで評価されていきます。

あと「得意」を仕事にすることが決して「好き」を仕事にすることと相反しているわけではありません。

「評価」と「責任」の枠の中にいるかいないかです。

「仕事」だって、その枠内なら自分の好き勝手にできます。自分の「好き」を全面に押し出すことができます。

「たのしい」をあきらめる必要はきっとない

わたしは特別支援学校の先生が「仕事」なので子どもと保護者のニーズを満たす「責任」があるし、それを「評価」されますが、その中では「好き」なことで授業を考え実践しています。

（事実上）教科書もないし、ニーズを満たせれば好きなことを好きなように教えられます。特別支援学校って最高じゃない？

そして、それは「たのしい」です。1番めの「好き」を仕事にしてはいませんが、「得意」の中にも「好き」はあるし「たのしい」もしっかり存在します。

「好き」を見つけて趣味にして、「得意」を見つけて「仕事」にしていけるような生き方ができれば、わたしは十分たのしいです。

ちなみにYouTuberになりたかった彼は現在「パン屋になりたい！」と言っています。パン、つくったことあんのかな…。

ルールは守らなきゃいけない。
でも、ルールが間違ってるかもしれない。

このむつかしい話わかる?

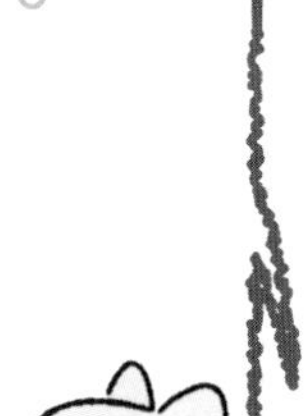

ルールは守らなければならない…けれど

知ってます？　ルールって守らなきゃいけないいんですよ。最初に、このことをしっかり理解しなくちゃいけない。

まず、大前提として「守らなきゃいけないルール」を守りましょう。あと、これは意外と知られてないいんですが、ルールって守ったほうがおもしろいいんです。

別の言い方をすると、窮屈だからとすぐにルールを破るより、ルールの中であそべないか考えるほうがおもしろいです。

つまり、「バナナはおやつじゃありません」です。

「おやつは300円まで」のルールが敷かれた中、フルーツを弁当の一部としてカウントし、実質的におやつの容量を増やす。これが、ルールの中であそぶおもしろさです。なんてクリエイティブな行為でしょう。

大人になると「おやつは300円まで」のルールはありません。手当たり次第なにも考えずカゴに入れ、足りなければどこかで買い足すし、余ったら持って帰るだけ。クリエイティブのカケラもありません。

あのリアルな興奮と葛藤はもう二度と取り戻せません。

ルールは守らなきゃいけない。でも、ルールが間違ってるかもしれない。

ルールはときにほんとに邪魔くさいものだけど、ルールを知り、理解し、その枠内であそべるたのしさを味わえると、「大人」はぐっとおもしろくなります。

だが、しかし。

だが、しかしです。

だが、しかし、そんなルールが間違っているかもしれません。

ルールを守ることとおなじくらい、**ルールがほんとうに正しいか疑う力も大切**です。

ルールは強力です。いろんなものを従わせる力があります。

ルールは「みんながよくなるように」「みんながフェアであるように」など、ポジティブな理由でつくられていないといけません。

だから、ルールが人を苦しめ、自由を根こそぎ奪っているのなら、そのルールを変えていかないといけません。

ルールは、常識と近いです。

ルールを守ることが、常識があるとされます。

ですが、常識なんてものは、おなじ国でも時代によって変わります。

ちがう国なら、ちがう常識がたくさんです。だからルールがちがいます。

変わっていく常識に合わせて、ルールも変化させていかなくちゃいけません。

昔間違っていたことが、今も間違ったままではいけないんです。

とくに、その人にとって「どうしようもないこと」で首根っこをつかまえるようなルールがまかり通っちゃダメなんです。

産まれたところや皮膚や目の色を理由に、だれかがつらい思いをしちゃいけないんです。

だから、たくさんたくさん考えないといけない。

このルールはほんとうに正しいのだろうか。正しくないとすれば、どうやって変えていけばいいんだろうか。

そのルールはだれかを踏みつけていないか

ここでは、選挙とか政治みたいなむつかしいテーマで話すつもりはありませんし、わたしにはとても語れません。

でも、ルールや常識を疑う力を常に磨いていくことはとても大切です。

わたしたちは「まえからこうだった」「昔からのルールだから」を強く信じすぎているんじゃないでしょうか。

自分じゃないだれかが「どうしようもないこと」で損をしていても、自分じゃないからと知らないふり、気づかないふりをしているのかもしれません。

自分が「どうしようもないこと」で損をしていても「こういうもんなんだよ」「これがここのルールだから」の力に負け、疑い、考え、変えていく力を奪い取られているのかもしれません。

わたしは学校の先生なので、教室や授業で子どもにルールを与える側です。

だからこそ「ルールが間違っていないか」をできる限り子どもといっしょに確認します。いっしょにメンテナンスしています。


なにより、ルールは「目的」のためにないといけません。

たとえば運動会の「目的」が「みんなで運動して、体を動かすよろこびを知り、保護者（観客）にもたのしんでもらう」だったとします。

だとすると「今までこうだった」という常識やルールを疑えば「別に徒競走いらなくない？」「足の速い子が絶対に勝つルールっておもしろい？」など疑問が浮かび上

がります。

すると、あたらしい徒競走のルールが生まれます。

たとえば、特別支援学校ではスタートして数メートル先にある箱から「あたり」が出ればそのまま進み、「はずれ」だとスタート位置に戻ってから再度くじを引き直す「ルール」の徒競走（みたいなもの）をしたこともあります。

もちろん運動会の「目的」が「足の速さなどの身体能力で順位をつける」ならくじの要素は必要ありませんし、ルールを変える必要もありません。

ですが、もし「目的」とズレているのなら、そこにはルールを変えるチャンスがあり、またルールを変えるたのしさも存在します。

いつだって大事なのは、「これはなんのためにやっているのか？」「これをすることで、だれがどれだけ得（または損）をしているのか？」「こうじゃなきゃいけない理由はあるのか？」です。


「今」のルールがだれかを踏んづけちゃいないか確認しながら、みんなでファニーな未来をつくり上げていこうね。

「いっしょに仕事がしたい」と思われる人が「仕事のできる人」だよね。

このむつかしい話わかる?

スーパーマンだけが「仕事のできる人」？

「仕事のできる人」という言葉があります。多くの場面で、この言葉は単に「仕事のできる人」ではなく「とても仕事のできる人」を指します。

では、その「（とても）仕事ができる人」を分解したら、中身はどうなっているんでしょうか。

いちばんわかりやすいのは「成果を上げていること」です。営業成績がいいとか、すごい発明をしたとか、とにかく業務が速いとか。そういうスペシャルな人は当然「仕事のできる人」としてカウントされます。

ただ、大抵の仕事場ではスペシャルな人なんていてもほんの数人です。残りのほとんどは「まぁそれなりに仕事のできる人」の集まりです。

飛び抜けた成果を上げるわけでもなく、ずば抜けたセンスや能力があるわけでもない。それでも、与えられた自分の役割はできる限りきっちり果たす。そんなプレイヤーたちで仕事はまわっています。となると、この人たちは「仕事のできる人」ではないのでしょうか？

わたしはそうは思いません。

「いっしょに仕事がしたい」と思われる人が「仕事のできる人」だよね。

この中でも「いっしょに仕事がしたい」と思われる人は「仕事のできる人」です。目に見える成果のスペシャルな人だけが、「仕事のできる人」ではありません。

むしろ「成果を上げている」と「いっしょに仕事がしたい」は必ずしもイコールではありませんし、「成果を上げている」としても「いっしょに仕事がしたくない」と思わせる人はハッキリ言っちゃえば「仕事のできる人」でカウントしなくてもいいと思ってます。

いっしょに仕事がしたくなる人は、ただの「いい人」じゃない

「いっしょに仕事がしたい」は、前提としてそれなりに「いい人」でないといけません。「意地悪な人」といっしょに仕事がしたい人なんていませんからね。

そして「まぁそれなりに仕事ができる人」であることも重要です。サボってばかりで仕事をろくにしないだとか、防げるミスばかり繰り返しちゃうとかだと、いくら「いい人」であっても「いっしょに仕事をしたい」とは距離が空いてしまいます。友だちとして付き合うならいいけれど、仕事仲間としては……ってやつです。

となると、**「いっしょに仕事がしたい」は決して簡単ではない**んです。

人の悪口を言わないとか、だれかを傷つけようとしない「いい人」でありながら「まぁそれなりに仕事ができる人」でいるために一定水準以上の成果を上げなければいけないんですから。

加えて、「信頼」されていることも大切です。そのためには、約束や時間を守る、噂話を撒き散らさない、だれかが困るウソをつかないなど、そんなマナーが求められます。

スペシャルな能力や成果を持ち合わせていないわたしたちが目指さないといけないのは、きっとこんなところです。

信頼されるいい人でありながら、それなりに仕事をこなすこと。

これができたら、きっと多くの人から「いっしょに働きたい」と思ってもらえます。「仕事のできる人」になります。

もちろん、だからといって仲間に気に入られることだけを優先したり、自分の意見を我慢したりすることが正しいわけではありません。

正しい衝突はいくらでも必要です。ただ、そんなときにも相手の容姿や話し方を小馬鹿にするとか、仕事とは関係のない「どうしようもないこと」を勘定に入れちゃだ

「いっしょに仕事がしたい」と思われる人が「仕事のできる人」だよね。

めなんです。

また、いくら「成果を上げている」からと言って、だれかを見下したりえらそうにしたり、自分の思うようにコントロールしようとするのはいけません。

ポジションや関係性を盾に不機嫌な態度で接したり、しんどい仕事を断れないように仕向けるのもダサすぎます。

ほんとにお客さんのことを思うなら、「チームが機嫌よく働けているか」を大事にしないといけません。

チームで働くプロだから

わたしが仕事をしている特別支援学校は、他のどの学校より先生同士の距離が近いです。チームプレイが多いです。

正直なところ、考え方や価値観が合わない先生はどの学校にもいます。ときには意地悪な人だっているし、あることないこと言われたこともあります。

それでも、就業時間の中だけは、できる限り仲良くしようとしています。だってわたしたちの仲が悪くて困るのはわたしたちだけじゃないですもんね。

教員同士の雰囲気が悪い状態で、子どもや保護者へのサービスがよくなるはずがありません。お互い大人かつプロの教員なんだから、本当はうまく折り合いをつけられるように歩み寄っていたいです。

そのために大事なのは、どれだけ馬が合わない間柄でもコミュニケーションのハシゴをこちらからは外さないことです。あいさつを無視したり、明からさまに態度を悪くしないことです。**坊主と袈裟をなるべく分けて考える**ことです。

ただし、ほんとうの悪党にはしっかりファイティングポーズを見せないといけません。直接対峙しなくても、証拠を集め、上司や然るべきところに相談してください。サンドバッグにされちゃいけません。

意地悪な悪党と「仲良くしなきゃ」と追い詰められてあなたが壊れてしまうなら、なんの意味もありません。その塩梅には十分注意してください。

「いっしょに仕事がしたい」と思い思われる人がひとりでも多く集まって、すてきなチームをつくりましょう!　いえーい!

 「いっしょに仕事がしたい」と思われる人が「仕事のできる人」だよね。

自分に期待しないのも技術だよ。

このむつかしい話わかる?

いつも授業は平熱で

学校の先生をやってると、研究授業みたいに大人がたくさん見にくる機会がある。たまに教育委員会の人たちや知事なんかもくる。

その授業者を引き受けてほしいと、よく管理職や学部長に依頼される。勘違いしないでほしい。わたしの授業がずば抜けて上手いわけじゃない。フォロワーが多いとか、こうやって本を書いてることを理由に、さぞ「できる先生」と思われている気がしないでもないが、これだけは誇張でも謙遜でもなく、そんなに大して上手くない。

じゃあ、なぜ依頼されるのか。

選ばれる理由を直接聞いたわけじゃないけど、きっと他の先生より圧倒的に「緊張しない」ことが大きいんだと思う。平熱で授業がやれる。

だから、わざわざよそ行きの授業をすることなく、ふだん通りの授業をしていいんならそんなに断りはしない。

繰り返すけど、授業が特に上手いわけでもないし、大きな自信があるわけでもない。

あと、大事なことがひとつ。

熱血先生にビンタされそうだけど、そもそも授業をそんなにうまくやろうと思ってない。及第点だけ取れればいい。

つまり「自分（の授業）に大して期待していない」んです。だから、あまり緊張する要素がない。

ショーストッパーをなくすことから考える

そして、いつだって「最高の授業をするぞ！」ではなく「最低の授業はしないように」からいろんなことを考える。

ショーを行うにあたって、なにより大事なのは「ショーを止めないこと」だ。

どれだけ演技の上手な俳優を揃えて、どれだけ立派なセットが組まれていても、途中で照明が落ちればそれでショーは止まってしまう。

ショーストッパーはどこか。ショーストッパーはなにか。いつもそこから組み立てる。人生大体そうしてる。

そんなわたしは、特別支援学校で「困ったときに行う授業（活動）」をいくつか用意しておくことを心がけています。

パッとはじめられて、たのしいことが基本です。これはショーが止まりかけたときに発動するとっておきの切り札です。

たとえば、トランプなんて最高です。

ただのあそびだと思うかもしれませんが、ルールを理解する、順番を守る、負けたときの感情をコントロールする、先を読んで行動するなど学べることは多いです。しかも、時間のかかる神経衰弱やすぐ終わるババ抜きなど、活動時間に合わせてゲームを選ぶこともできる優れものです。

年度はじめにいくつかのトランプゲームをクラスであそべるようにしておくと、これからの1年間で何度もピンチを救うスーパーサブをベンチに座らせておくことができます。

運動会や学校祭の練習が続いて、子どもたちが疲れ切ってるときに漢字の学習をし続けても全員が気絶するだけです。

そこで「じゃあもう漢字はここまでにして、今から大富豪しよっか」など声をかければ、踊り狂ってよろこんでくれます。

この場合「ショーストッパー」は「心身の疲れ」なわけですが、ここで「最高の授業をするぞ！」といくらアクセルを踏んでも暖簾に腕押しです。

だったらいっそ「最低の授業はしないように（かつ、せめてなんらかの学びがあるように）」と切り替えることもときには必要じゃないでしょうか。

落ちてる小銭くらいは拾いたい

わたしはネガティブではあるけれど、だからって悪いもんだとも思ってません。ポジティブだと美味いキノコも食えるでしょうが、ネガティブだから食わずにすんだ毒キノコだってあるんです。

たまに「ネガティブ思考って人生損してるからもったいないぜ！　明るくいこう！いえーい！」とポジティブを自称するなにも考えてない人から肩を組まれることもありますが、映画館でせんべい食べるくらい迷惑なのでやめてほしい。

そして、ネガティブな自分に嫌気がさしてるのなら、打開策の一つとして「下向き」を推薦します。

前だけ見て歩けるほど未来に期待はしてないし、過ぎ去った過去を振り返って泣いてばかりでもない。

ただ、**自分の足元**だけは、しっかりちゃんと見つめてる。そんな状態を目指しましょうよ。

期待せず、できることをできるだけ、ショーをストップさせず、カーテンコールにたどり着く。

前へ進むために、前向きではなく、下を向いて歩いてる。クギとか踏まないように。

嫌なことは重なるし、意地悪な人も減らない。

この世はゆるい地獄だなって思うことも多いけど、たのしいことがないわけじゃない。


地獄を歩いてる最中も、落ちてる小銭くらいは拾いたい。

自分に期待せず、たまにひょんなラッキーが連れてくるちょっと大きな成功を「感動」と名付けて祝えるくらい、力を抜いて生きてたい。

「ひとり」と「ひとり」が集まって
「みんな」になるから箱で推す。

きみはきみの、わたしはわたしの

一口に「知的障害のある子どもたちが通う特別支援学校」と言ったって、その障害の種類や程度は「ひとりひとり」ちがいます。

ひとつの学校や、ひとつの教室という「箱」の中にいる子どもたちは「ひとりひとり」ちがいます。

「障害のある子どもたち」「自閉症の子どもたち」なんてパッケージで一括りにはできません。

特別支援教育は、オーダーメイドの教育です。

特別支援学校では「ひとりひとり」の困りごとや得意・不得意、障害（特性）の程度や性格、体力に合わせ「個別の教育支援計画」「個別の指導計画」が作成されます。

それらに書かれている目標や手立ては、当然「ひとりひとり」ちがいます。

また、Aくんの評価はクラスメイトのBくん、Cくん、つまり「みんな」と比べて相対的につけるものではありません。Aくん「ひとり（個別）」の目標が達成できたかどうかです。

まえの章でも書きましたが、「小学4年生だから4年生が教科書で学習する漢字を書くよ！」と特別支援学校の小学4年生「みんな」におなじ漢字を教えることは基本的にありません。

Aくんに必要な漢字はAくんに、Bくんに必要な漢字をBくんに教えます。その漢字を読んだり書いたりすることができたかどうかです。

AくんとBくんのニーズがおなじなら、もちろんふたりにおなじ漢字を教えますが、Aくんの評価にBくんがどれくらいできたか（できなかったか）は一切関係ありません。

特別支援教育での学びは「バラバラ」？

こういう側面から話を進めていくと、どうしても特別支援学校（教育）は「個別学習」の色を強く感じます。

事実として「自立課題学習」は仕切りで区切ったスペースで各々の課題を学習することが多いです。その場合は、おなじ教室にいながらも、それぞれが「個別学習」に取り組んでいます。個別に最適化した課題や環境を設定することで、子どもたちが安心して集中できることが多いからです。

では、特別支援学校にはこのような「個別学習」しかないのでしょうか。

「ひとりひとり」を大切にし、オーダーメイドの教育を尊重するあまり、「みんな」でなにかをやることを疎かにしているのでしょうか。

そんなことはありません。

みんなでなにかをやることを疎かにしているのではなく、**まず「ひとりひとり」を尊重した取り組みをしている**ことが多いだけです。

大人の世界だってそうじゃないですか。

「大切なのはチームワークだ！　団結と協力が大事なんだ！」なんて口当たりのいいことはいくらでも言えちゃうけど、実際のところそのチームを強くしていくには「ひとりひとり」の知識や技術を上げていくことは不可欠です。

「ひとりひとり」を強くすることと「みんな」で強くなっていくことは決して手をつなげない関係じゃありません。じゃないと、ひとりの選手を獲得するのにあんな大金使うかよ。

重なったら「みんな」になる

ひとつ、実際にわたしが現場で痺れた例を紹介します。

特別支援学校の学年発表会で、楽器演奏をしました。

ここでも、基本的なアプローチはおなじです。「ひとりひとり」に与えられる楽器や役割はその子に合わせて考えられます。

ですが、「ひとり」と「ひとり」が集まると「みんな」になっていきます。

言い方を変えると、さっきまでの「個別学習」を集めて「集団学習（発表）」に整えていくんです。

その発表会を仕切る先生の手腕は見事でした。

まずは、子ども「ひとりひとり」の「できる」「できない」を判断する。さらにもう一歩踏み込んで「できそう」「できなさそう」を見極める。

それを踏まえ、子どもの「やりたい」に耳を傾けながら、Aくんはキーボードで様々な鍵盤を叩き、Bくんはギターでひとつのコードだけを弾き、Cくんは打楽器をタイミングよく鳴らす練習へと進んでいきます。

楽器練習を、子どもの特性などに合わせて「個別」もしくは「少人数」で練習することもあれば「集団」で行うこともあります。

そうやって演奏した1曲の音色は、お世辞にも完璧な重なりではなかったけど、「ひとり」と「ひとり」が集まって「みんな」でつくり上げる美しさを伝えてくれるには十分すぎるものでした。
　これほど大掛かりではなくても、クラス単位や少人数のグループ単位で、わたしたちは子どもたちがたのしめる「箱」をつくれるように考え工夫しています。

「ひとりひとり」のいいところを大切にしながら、重なって「みんな」になったその「箱」を、わたしはグイグイ推してくよ。

わがままを、　出したり引いたり
するんだよ。

このむつかしい話わかる?

「わがままな人」にはなかなかなれない

「わがままな人」は好きですか？

に「好きー♡」と即答できる人はメジャーリーグで投手も野手もできるくらいのレア度です。

基本的に「わがままな人」は眉間で大根がおろせるほど眉をひそめられてしまいます。とくに、ここジャパンでは顕著です。もちろんわたしだって「わがままな人」は決して好きじゃありません。

いつだって自分勝手に自らの欲望ばかりを優先し、まわりの人の気持ちや利益を考えてくれない人を好きになるのは簡単じゃありません。

ただ、**「わがままな人」と「わがまま」は分けて**考えなくちゃいけません。

わたしたちは、いつだって「わがまま」を封印しないといけないんでしょうか。

どんなときでも自分勝手に振る舞わず、いつだって空気を読んで他人の目を気にしないといけない？

なによりもチームプレイや戦術を優先し、自分のひらめきやセンスに蓋をしないといけない？

そうなんです。そんなことはありません。

「わがまま」は、出したり引いたりするんです。

出しっぱなしじゃいけないけれど、引いてばかりもいけません。

ここぞ！ってときには、隠し持ってたあなたの「わがまま」をクリティカルにヒットさせなきゃいけないんです。

「わがまま」をいつだって隠したまま、サンドバッグにされるのだけはごめんです。ときには「わがまま」というファイティングポーズを見せつけて、「自分はサンドバッグじゃない！」と高らかに主張することは生きてく上でとっても大事なスキルです。

「こう思われるな」とわかった上で、なお進む

そんなこと言われたって、「わがままな人」と思われるのは耐えられない…と生真面目なあなたは思うのでしょうが、大丈夫です。

そう思える人が、いくら「わがまま」を出したところで「わがままな人」にはなれません。「わがまま」と「わがままな人」はまったくもってちがいます。カニカマとカニくらいちがいます。

「わがまま」を出すことに腰が引けているあなたは、繊細でやさしい方です。ふだんはほとんど常に「わがままな人」が見せる傍若無人な振る舞いに嫌悪感を抱き、自分を犠牲にしてまで他人を優先した行動を取ります。

ですが、なによりも大切にしないといけないのは、まぎれもなく「自分」です。自分を守るために「わがまま」を出していく練習をしましょう。

あなたは「こうしたら、こう思われるな」ができる人です。そして、それは十中八九当たっています。だから、「わがまま」を出すことに二の足を踏みます。

ですが、「こう思われるな」を理解した上で、その苦さを飲み込んで進まなければいけません。虎子を得るには、虎穴に入るしかないんです。

そして、あなたの「こう思われるな」は、妄想で被害を2割増にしています。**真昼間なのに深夜料金で走っているタクシー**です。

わがままはクリエイティブ

教員の仕事なんてのは、職員室など他の先生たちがまわりにいる状況の中で、パソコンで文章を書いたり教材をつくったりすることばかりです。まわりには声を出して打ち合わせをしている先生や息抜きに雑談をしている先生たちがいます。

こんな状況において、あなたは音を遮断して集中したいのに「イヤホンをつけちゃうと、人とのコミュニケーションを拒否しているように見られるかな。話しかけるなオーラを出しているようで感じが悪いかな」と「こう思われるな」をネガティブに割り増します。

そして、イヤホンはカバンに放り込んだまま作業を続けます。そして、自分とは関係ない話し声に集中力を削がれ、小さなストレスを抱え、効率を悪くします。

ぶっちゃけ、思う人はいるでしょうね。「あの先生、イヤホンしながら仕事なんかして感じが悪いわね」なんて。でも、だからなんだって言うんでしょう。

そう思われても、それを超えるメリットや軸が自分の中にしっかり落とし込めていればいいんです。

大丈夫、あなたはふだんから「わがままな人」じゃないんです。ここぞ！ってときに集中力を高めるための「わがまま」を出していこうじゃないですか。

もし、これを「わがまま」だと感じてストレスを抱えるのなら、やはりあなたは割増で走ってます。さっさとメーターを戻してください。

実際の「こう思われるな」はまわりに甚大な被害を与えず、あなたの心を大きく蝕むこともありません。

小さなことでいいんです。ほんとうに小さなことから「わがまま」を出していく練習をしましょう。もちろん簡単ではないし、とてもクリエイティブな作業です。

仲良しのあの先輩に冗談半分でもいいから「アイス買ってくださいよー」なんてことからはじめましょう。「奢ってくれ」と頼むのは、奢る以上にヒリヒリします。だってあなたの「わがまま」だから。

サウナでキメたあとの水風呂に飛び込む勇気とおなじように、目をつむって足先だけでも冷水に突っ込みましょう。

その冷たさに耐えたあとにやってくる「整う」って瞬間を、ヨダレを垂らして味わうために。

恐る恐るあなたの「わがまま」をラー油1プッシュ分くらい出していくんです。そんな練習からはじめましょう。

第4章

不安で眠れない日に

大切なのは「答えをもってる」ことじゃなくて
「答えを探してる」ことなんだよ。

このむつかしい話わかる?

答えを探してる時間にこそつく力

毎年、漫才の賞レースを見ていて思うんです。

この漫才は、このコンビにしかできないよな。この形になるまで、どれだけの時間をかけて、どれだけのトライ&エラーを繰り返してきたんだろうなって。

圧倒的な漫才を見せつけられる度に、想像しては震えます。

優勝したコンビのネタをほかのどのコンビがコピーしても、優勝するコンビは変わりません。

ネタを磨き上げるために必要だったのは「答えをもってる」ことじゃなく、「答えを探している」時間と試行錯誤の日々です。

もちろん、わたしたちの生活だって同じです。

「答えを探している」状態は、常に不安です。

悩み、苦しみ、考え続けなければいけません。試し、傷つき、立ち上がり続けないといけません。

なかなか「答えをもってる」状態にたどり着くことができません。

もしかしたらずっと、たどり着かないかもしれません。

大切なのは「答えをもってる」ことじゃなくて「答えを探してる」ことなんだよ。

ただ、それでも本気で「答えを探してる」間に培われた筋力は、あなたを裏切らないんです。

もし進んだ方向に答えがなくても、**また別の道に進めるだけの筋力を培う**ことができるんです。

金貨を失っても残る

RPGで強い敵を倒し「宝箱」を手に入れるためには「レベル」を上げないといけませんし、その「レベル」は「経験値」を積むことでしか上がりません。

そして、倒れ果てリスタートをするときに「宝箱」で手に入れた金貨は失いますが、「経験値」を積んで手に入れた「レベル」はそのままなんです。

あなたが「答えを探している」ことで手に入れた「レベル」は失わないんです。レベルはずっと上がったまま、次の相手と戦えます。

わたしは、まったく一流の教員なんかじゃないし、完璧な授業なんてしたことありません。これからする予定もありません。

この授業が正解だとか、この指導が正解だとか、そんなものは環境や子どもによっていくらでも変化します。だから、完璧や正解にこだわりすぎるとよくないです。

あとね、**「答え」や「正解」って不安定**なもんですよ。

ハンバーガーやラーメンのような油たっぷりカロリーマシマシの食事をしたほうがいいか、しないほうがいいか。いつだって、どう考えたって「食べない」が「答え」になるし「正解」じゃないですか。

でも、ちょいと現世を見てください。マクドナルドどれだけ売れてます？　人気のラーメン屋にどれだけ並んでます？

「正しい答え」をもっていることと、それが常に選べるかはまったく別の話です。だから都合よく考えましょう。

いいんですよ、食べたって。毎日じゃなければ。

いいんですよ、食べたって。健康を損なわなければ。

ご機嫌に生きていくための「答えを探してる」途中には、「ジャンクな食事は摂らない」なんて「答えをもってる」ことなんか放り投げてしまいましょう。

つみあげたものはそこに

もってた答えは変わり続けます。だから答えを探し続けなきゃいけません。チューニングを合わせ続けるしかないんです。

そのためには、常に自分を疑い、否定し続けることが必要です。

このときに大事なのは「よくなかったところ」に侵食されて、「いいところ」までいっしょに否定しないことです。

あなたの「いいところ」と「よくなかったところ」は**同時に**もてます。

うまくいかなかったことばかりに目を向けてしまうと、いつまでも自信がもてません。

仕事を頼まれたって、信頼されたって「いや、自分なんてものは…」と自信のない言葉を並べてしまいます。

「わたしにやらせてください！」と手をあげにくくなっちゃいます。

だから「いいところ」をしっかり見つめ、大事にし、頼まれた仕事や信頼されて任されたポジションに「やってみます！」「任せてください！」と少しずつ言えるようになっていきましょう。

「いいところ」の上で「よくなかったところ」を磨きましょう。
そして、自信がないまま答えを探していくんです。弱いまま、強くかっこよくなるんです。
不安があっても大丈夫。

その強くなった足腰で、次の一歩はもうちょい遠くに行けるから。

大切なのは「答えをもってる」ことじゃなくて「答えを探してる」ことなんだよ。

「人を傷つけたくない」はできるけど
「人を傷つけない」はできないよ。

このむつかしい話わかる?

「当然」に負けない

桃太郎が鬼ヶ島で勝ち名乗りを上げた裏で、鬼の子どもたちは泣いています。

わたしたちは知らぬ間に「当然」を決めつけています。

鬼ヶ島の事情なんて、考えることをしません。桃太郎が正しいのは「当然」だから、そんなこと考えるのは面倒だから。

こっちから見ればこっちが正しいし、あっちから見ればあっちが正しいのに。

鬼には鬼の事情があって、桃太郎には桃太郎の事情があるのに、その可能性は描かれ方で「当然」として消されます。

日本で目にする世界地図では日本が世界の真ん中ですが、地球儀に真ん中はありません。

日本で生まれ育った日本人だから、日本チームを応援し、日本人を応援することは「当然」だと決めつけます。

決して、そうしなきゃいけない理由なんてないのにね。

わたしたちは、偏見や先入観の塊です。

まずは**この事実と向き合うこと**からはじめましょう。偏見や先入観をもたないよう

「人を傷つけたくない」はできるけど「人を傷つけない」はできないよ。

にといくらがんばっても手放せるものではありません。

だから、「傷つけたくない」と「どこかで必ず傷つけてる」は同時にもってなきゃいけません。

「傷つけたくない」を抱きしめながら

自分の意見を主張すること、自分の気持ちや創作を表現すること、自分を守るために戦うこと、自分の好きを応援すること。

そのどれもが「傷つけたくない」と願っても、だれかを「傷つける」ことばかりです。「傷つけない」は無理なんです。

おなじシーンで笑う人もいれば悲しむ人もいて、怒り出す人もいます。

だから、わたしたちにできるのは「傷つけたくない」を腹の真ん中に置くことだけです。「傷つけてやる」を遠くに遠くに追いやることだけです。

だれかを「傷つける」行為は快楽を生みます。

だれかの足を引っ張り、失敗を見つけ、言及し、炎上させれば正義の鉄槌を下した快楽に溺れることができます。

ただ、多くの人は、そんなことはしません。そこまでのことはしません。

「自分は、あんなことしない」とだれかの失敗に薪をくべる人を見て思います。

ですが、だれかを下げ、自分が上がったと勘違いする感覚は日常のいたるところに影をひそめています。

「あんなことしない」の濃度を薄めた行為を、自分がしてるかもしれません。

テレビのバラエティ番組はショーでありフィクションですが、運動神経が悪いことや絵が下手なこと、真面目に答えたテストの回答を「イジって」笑います。

だれかを「自分」もしくは一般的な「基準」より「下」と見なすことで、自分が「上」がった、もしくは「上」の立場から笑うポジションを取ることができます。

これが「イジって」笑いをつくる構図ですが、この構図はその対象が「イジられた」と感じられた場合にのみ成立します。「下」のポジションの人が「得をしてる（損をしてない）」状況でのみ成立します。テレビでは、プロフェッショナルたちがこれを成立させています。

もちろん、この構図における「イジる」側の人たちだって「傷つけてやる」なんて思っているわけではありません。

ただ、決めるのは「イジった」側ではないんです。「イジられた」か「イジめられ

「人を傷つけたくない」はできるけど「人を傷つけない」はできないよ。

た」かを決めるのは「イジった」側ではないんです。ここを、テレビの外では意識してほしい。

そして、ハッキリ言ってこの構図は「もっとも簡単」に笑いを生むことができます。

だから、すぐやっちゃうんですよね。

自分が「上」だと勘違いしちゃえるし、笑いも取れる一石二鳥のインスタントな麻薬です。

使わないほうがいいに決まってます。

簡単だけど簡単じゃない

しかし、残念ながらこの笑いの構図を排除するのは現実的には無理なんです。

「簡単で、コストが低く、ポジティブな効果が期待できる」に抗えるほど、人は丁寧にコミュニケーションを取ろうとしませんから。

大人でもやっちゃうのに、それが子どもなら尚更です。

相手が「傷つくかどうか」はこちらがコントロールできません。

すなわち、テレビや舞台の上というリングに上がるプロの芸人でもない限り、安易な「イジる」行為はやっぱりやらないほうがいいんです。

あなたの「イジった」が「イジめ」に発展することがあり、だれかを大きく傷つけることになりかねない。と学校の先生として子どもたちには強く伝えています。

これを言い出すとキリがなくなってしまうのですが、唯一この件をむずかしくするのは「コンプレックスを笑いにする」風潮です。

自分の苦手や、一般的に劣る（とされている）容姿や能力を「イジってもらう（イジらせる）」ことで「笑い」をつくり、コンプレックスを肯定していく方法ですね。

この場合は「イジられる」側の「受け身」がもっとも重要なんですが、「イジる」側のスキルや、両者の関係性によってその「受け身」でケガをする可能性があることは、肝に銘じておきましょう。

あなたは「傷つけたくない」と思って生活を送るやさしい人なんですが、それでも悲しいかな、必ずだれかを傷つけています。残念ながら。

それでもできることは「傷つけたくない」しかありません。

やさしくして、やさしくされましょう。

「人を傷つけたくない」はできるけど「人を傷つけない」はできないよ。

「こわがる」ことがいけないんじゃなくて
「こわがり〝すぎる〟」ことがよくないんだよ。

このむつかしい話わかる?

「こわがる」と「こわがり〝すぎる〟」はまったくの別物

こわいことだらけです。

地震も雷も火事も親父もこわい。お化けもヘビもこわい。上がる物価と上がらない給料もこわい。明日も老後もこわい。

なんでもかんでも「こわい」と感じちゃう人に、なんでもかんでも「こわくない」と感じられる人の「こわがらなくていい」は釈迦に聞かせる説法よりも効きません。だって、わたしたち臆病者が「こわい」と感じることはだれにも止めようがないじゃない。

「こわがらなくていい」と喝を入れられて、「そうか！　こわがらなくていいんだ！」なんて切り替えられる人ははじめからこわがってなんかいませんよ。

だれになにを言われても、こわいものはこわいんです。

ただ、問題は「こわがる」ことじゃありません。「こわがり〝すぎる〟」ことが問題です。このふたつをごちゃ混ぜにせず、しっかり分けて考えましょう。

「こわがる」ことがいけないんじゃなくて「こわがり“すぎる”」ことがよくないんだよ。

「こわがり〝すぎる〟」は、自分ひとりじゃ振り切れない

「こわがる」ことで準備ができます。

地震に備えて防災リュックを準備したり、お化けに会わないように夜のお墓に行かなかったり。健康や食事に気をつかったりすることができます。

それが「こわがり〝すぎる〟」と大変です。

地震がこわくてうまく寝付けなかったり、お化けをやっつけるためにいつも塩とお札を持ち歩いたり。将来が不安だから今のたのしさにお金を使えなかったり、少しのシミや皺を過剰に恐れてしまったりします。

このバランスを大事に生活してかないと、どんどん生きづらくなっちゃいます。

そのためには、あなたの「こわい」が「こわがる」なのか「こわがり〝すぎる〟」なのかよく目をこらして確認してかないといけません。

とはいえ、どうしようもなく、抗えず、「こわがり〝すぎる〟」の沼に足を取られることもあります。とてもじゃないけど受け止められないショックなこと、気持ちや体の調子がよくないときに浴びせられる一言や、大きなミスをやらかしちゃうと、もう

頭はパニックです。

「こわがり〝すぎる〟」の沼から抜け出すためには、**垂れ下がる蜘蛛の糸「そのことを考えてない瞬間」**をしっかり捕まえてなきゃいけません。

その多くは、いわゆる「趣味」「好きなこと」から探していくわけですが、おすすめは「静より動」だし「インプットよりアウトプット」です。もうちょっと突き詰めると「強制的に、それしか考えられなくなる瞬間」をつくり出せるものがグッドです。

頭を空っぽにできないときは

解説しますね。

いろんな不安や心配で頭がいっぱいになってしまい、身動きが取れないとき「テレビを見る」「本を読む」「音楽を聴く」ことで気持ちを切り替えようとする人は多いです。

ただ、いま挙げたどれもが「静」です。こちらから働きかけるアクションはほとんどありません。与えられた情報に受け身でいるだけです。これはどうしても思考が途切れやすく、「こわがり〝すぎる〟」に近づきます。

「こわがる」ことがいけないんじゃなくて「こわがり“すぎる”」ことがよくないんだよ。

だったら「動画を撮る」「文字を書く」「楽器を演奏する」など「動」も検討してみてください。人間て不思議なもので、そんなに多くを考えられないから手を動かし頭を動かし身体を動かしてくと「こわい」と距離をつくれます。

ただ、ひとつ注意してほしいことがあります。

困ったもので、慣れてる「動」では、「こわがり〝すぎる〟」と大きく距離を取れないことが多いです。動作そのものに慣れているので、悩みながら落ち込みながら、その動作をし続けることができてしまいます。

「強制的に、それしか考えられなくなる瞬間」は基本的に「静より動」「インプットよりアウトプット」ではあるんですが、それでも不安が続くなら、「それしか考えられない瞬間」の強度をさらに上げられる方法を探します。

例えば、柔道やキックボクシングで相手が自分を攻撃しようとしているとき。暇さえあれば考え落ち込んでいた「こわがり〝すぎる〟」あれこれを考えてる余裕なんなくなってしまいます。

もちろんこの例は極端ですが、こんな風に、たった数秒でもいいんです。「あ、この瞬間だけはお化けのこと考えてなかったな」を無理やりにでもつくりだし、小さく小さく重ねましょう。

そして刻んでいくんです。「わたし、この瞬間、悩んでなかったぞ」って。

あとこれも。なにをやっても効果が薄く、どうしようもなく「こわがり〝すぎる〟」の沼から抜けなくなって、最悪の日常に心が蝕まれ続けることもあるでしょう。

心を壊さない人はいません。今、壊れてないだけです。

強い人なんていません。**今、強くいられてるだけ**です。

風邪はなるべくひき始めに治療するように、心の病だっておなじです。

「あ、ちょっとしんどいかも」が続いてる間に、まだ心身が追い込まれきっていない間に、メンタルクリニックなど専門家のいる場所へ足を運び、現状を軽く相談しておくのもいいんじゃないでしょうか。

追い込まれすぎるまえに「メンタルクリニックってこんな雰囲気のところなんだな」を摑んでおいて、いざほんとうのピンチがおとずれたときにそこへ行くハードルを下げておくことは心の備蓄です。

「こわがり〝すぎる〟」と距離を空け、適度に「こわがる」生活を送りながら、たまにはお化けと踊ってあそんで笑いましょ。

「こわがる」ことがいけないんじゃなくて「こわがり“すぎる”」ことがよくないんだよ。

「なんとかなる」を「なんとかする」にしていくんだよ。

このむつかしい話わかる?

「なんとかなる」は万能じゃない

まず、確認しておきますね。

「なんとかなる」を、努力や準備の足りなさを正当化するための言い訳にしちゃいけません。そんなこと言い出したら、この世の中は「なんとかなる」ことばかりです。

第一志望に受からなくても「なんとかなる」し、オーディションに落ちても「なんとかなる」し、かわいいあの子に振られても「なんとかなる」。

でもね、だからって受験勉強しなくていいわけじゃないし、トレーニングしなくていいわけじゃないし、理想のデートプランを徹夜で考えなくていいわけじゃない。

なんの努力も準備もしてないくせに「なんとかなる」と開き直るまえに、自分のできることを、できる範囲で、できる限りがんばりましょう。狙ったゴールを、立てた目標を達成するための努力や準備を精一杯がんばりましょう。話はそれからです。

それでも「どうしようもないこと」で、あなたの努力や準備は、いつだって実を結ぶわけじゃありません。

負けと失敗と挫折はいつもあなたのすぐ側で陽気なハリウッドスターくらい肩を組もうと待ち構えています。

あなたがいくら点数を取っても、それより上の点数を取る学生がいます。

あなたがいくらキレのあるダンスを踊っても、求められているパフォーマンスとはちがうことがあります。

あなたがいくらやさしくてセンスがあって穏やかでも、ヤンキーに恋するかわいいレディーはいるんです。

あれほど必死に手を伸ばしたのに、自分じゃ「どうしようもないこと」に阻まれてはじめて、「なんとかなる」を唱えましょう。

人生の局面で効く復活の呪文

なぜなら、「なんとかなる」は言い訳の言葉ではないからです。「なんとかなる」は復活の呪文です。

つらく厳しい現実を受け入れ、次の一手をたぐり寄せる起死回生の呪文です。

そして、この呪文を唱えることができた者は「なんとかなる」を「なんとかする」に変えてく権利を与えられます。

第一志望には入れなかったし、オーディションには落ちたし、あの子とも付き合えなかった。だからなんだって言うんですか。それでも人生はつづきます。

いつまでもいつまでも、絶望に足を取られているわけにはいきません。

泣いて泣いて泣いて、喚いて叫んでのたうち回りながら、目のまえにある絶望を「なんとかする」と腹を括り、一歩ずつ小さな歩幅で進みましょう。

なんとかできたあなたにしか振れない剣がある

ただ、「なんとかなる」を「なんとかする」に変えていくのは、「あなたの決意」だということは覚えておいていてください。

ボロボロになっただれかに「なんとかなるよ」「なんとかしていこうね」なんて、気軽に声をかけていいはずもありません。

深く深くえぐられたグロテスクな傷口は怖くて見れもしないのに、流れる血だけを目にして、口に出して気持ちいいだけの無責任な慰めをしないように。

神様は乗り越えられる人にしか試練を与えない？　知らん知らん。

止まない雨はない？　明日は必ずやってくる？　知らん知らん。

そんな試練は濡れた靴下よりもいらないし、さっさと立派な傘がほしい。自分の決意と、他人への励ましをおなじ場所に並べてはいけません。

そして、あなた自身も。いつだって強く生きちゃダメですよ。

「なんとかする」なんてどうやったって思えない夜はきます。その絶望は、あなただけのものです。本当の意味で、他人に理解できるはずもなく、共感できるはずもありません。あなたの心と体のすべてで受け止めていくしかないものです。

そのときは、ちゃんと傷ついておきましょう。

いかに傷つかないか、いかに立ち直るか。それはとても大事です。でも、誤魔化さず、真正面から、しっかり正しく傷つくこともあなたがあなたであるための大切な経験です。

嫌だったのに、悲しかったのに、つらかったのに。

見ないふりをして、耳を傾けず、口を塞がないように。

怒れなかった、悲しめなかった、憎めなかった気持ちが沈殿して心を黒く染めてしまわないように。

正しく傷つき、正しくない感情を吐き出すこともあなたの心を守る大事な手段です。

「なんとかなる」は、自分の人生をだれかに任せた言葉です。それは人かもしれないし、運や時間かもしれない。神様かもしれない。

でも「なんとかする」は、**自分の人生を自分に任せた言葉**です。人や運や時間、ときには神様に助けてもらっても、解決するのは自分です。

受動的ではなく、能動的に、人生に働きかけていく様です。これを人は、「生き様」と呼びます。

第二志望のこの学校で、第一志望に通ってたら手に入らなかった経験を掴んでください。

オーディションに落ちて、流れ着いたアルバイト先でお金を貯めて、また別の生き方を探してください。

数年後、かわいいあの子が木綿のハンカチーフを噛み締めて後悔するいい男になってください。

もちろん、どれも簡単なことではありません。

でも、「なんとかなる」を「なんとかする」にしてきた過程で培った経験は「自信」となり、これから幾度となく襲いかかってくる絶望を切り裂くための剣になります。

あんなに大きな絶望を、「なんとかする」と腹を括った勇者にしか扱えない、あなたの「生き様」でしか振ることのできない剣です。そしてそれは、一生失うことがありません。


どれだけ大金を積んでも手に入れることのできない「なんとかする」と書かれた剣を、いつか手に入れてやりましょう。

がんばってる人を見たときは
「あの人がんばってるな」で止めておく。

このむつかしい話わかる?

配られたテストはおなじじゃない

がんばってる、ほんとにみんながんばってる。あいつもこいつもがんばってる。だれがどう見たってがんばってる。

でもね、「あの人がんばってるな」のあとに「それに比べて自分は」なんて言葉を続ける必要なんてないんだよ。

あなたには、あなたの役割があります。目指すべき、それぞれの目標や「答え」があります。

ひと昔まえは、「おなじ時代」という雑な括りで「おなじテスト」だったかもしれません。男性はひとつの会社で定年まで働いて、マイホームと車を買うことが「答え」で、女性は結婚して子どもを産み、家事と育児に専念することが「答え」だったのかもしれません。

でも、いま「おなじ時代」を生きているわたしたちが「おなじテスト」を解いていると思ってる人はいないでしょう。

男性だろうが女性だろうが、むしろそのどっちでもなかろうが、結婚なんてしてもしなくてもいいし、子どもだって産んでも産まなくてもいい。転職したって起業したっていいし、フリーランスでもいい。家や車なんて買っても借りても持ってなくてもいい。

いま「おなじ時代」でわたしたちに配られているのは「ちがうテスト」です。だから当然、**ひとりひとり「ちがう答え」が必要**です。

自分のテストを見つめる

わかってるはずなのに、おなじ性別、おなじような身体、年齢、環境で生まれ育つと、どうしても「おなじテスト」が配られていると勘違いします。おなじ会社や職場でもそうかもしれません。

「ちがうテスト」が配られていることを忘れて、「おなじ答え」を求め、カンニングして苦しみます。

SNSの存在も、それを加速させちゃいます。一見、「正解」に見えるその光は、配られているのが「ちがうテスト」であることを忘れさせてくれるには十分な眩しさです。「うらやましい」と「ずるい」を間違えちゃいけません。

ただ、あなたがしなくてはいけないのは、自分に配られているテストの問題をしっかり確認することです。だれかの「答え」をカンニングすることじゃありません。その大きな一歩が「あの人がんばってるな」で、止めることです。「それに比べて自分は」を続けないことです。

比べないのにも覚悟がいる

とはいえ、どうしても比べちゃうこともあるでしょう。なにもかも比べないことはむずかしいかもしれません。

でも、せめて**「ここは比べない」**を意識してみてください。

「これをやるぞ」と同じくらい、「これをやらない」は大切なんです。

わたしとおなじ「特別支援学校の先生」は勤務校だけでも100人ほどいます。それぞれの先生に得意や苦手があるし、経験や環境の差もあります。あらゆる能力値やバックボーンもちがいます。

たとえば、わたしは教育大学の出身でもないし、はじめから先生を目指していたわけでもありません。たまたまここに流れ着いた漂流者です。だから、正直なところ教育や障害に関する専門的な知識や技術は、他の先生と比べちゃうときっとずいぶん少ないです。そんな「ちがい」を目の当たりにすると「それに比べて自分は」を続けそうにもなっちゃいます。

ただ、(少なくとも今すぐには) どうこうできるもんでもありません。無い袖は振れないし、いない彼氏とイチャつくこともできません。

「あの人がんばってるな」は確かです。そして、その人のもつ知識や技術はきっと子どもや保護者を助けます。

とりあえず、それでいいじゃないですか。

もちろん、だからといっていつまでも子どもや保護者を助けるための知識や技術が足りないままではいけません。**とはいえ、自分の良さもきっとどこかにあるんです。**まわりに圧倒されちゃうなら「ここは比べない」と都合よく現実を誤魔化しながら、足りてるところを愛していってあげましょう。

わたし自身は「この子はどんな子なんだろう?」を考えることが得意です。教材をつくるのも早いし、むずかしい説明をやわらかくし直すことも得意です。大抵の人とはうまくやれますし、やれないときはきっと相手が悪いです。

まわりと比べて劣っていても、わたしはわたしなりにがんばっています。

相手に「いいところばかり見てくれよ!」なんて都合のいいことは言えないけれど、

相手のいいところばかり見つけてあげたいとは思います。

他人になんかわかるもんか

つまり、わたしたち先生が子どもたちなりのがんばりを、まわりと比べてどうこうを理由に「がんばってない」にカウントするのはおこがましいにも程があるんです。大切なのは、この子に配られたテストにはどんな問題が載っていて、その答えを探すためにどんなアプローチが必要なのかを大人のわたしたちが見極めてあげることです。その支えになることです。

「なにができたか」だけではなく「どのくらいできたか」をしっかり見ていってあげましょう。おなじことを、自分自身にも問いましょう。

まわりと比べず自分らしく生きることは簡単ではありません。それでも、他人のテストをカンニングするヒマがあるのなら、間違ってもいい。自分の「答え」を書いてみてはいかがでしょう。

とりあえず、わたしが花丸あげるから。

「完璧な状態」なんていつまでたっても訪れない。
それでも走っていくんだよ。

このむつかしい話わかる?

引きずって進め

足りてないのは「覚悟」だよ。

「完璧な状態」なんていつまで待っても来やしません。

ふつうの社会で暮らすわたしたちに大切なのは「完璧な状態」を目指し続けることじゃない。「完璧な状態」（だと思える）準備をしたところで、残念ながら「完璧な結果」はセットじゃないもんつらいけど。

とにかくやっちゃいけないのは「完璧な状態」に囚われすぎて身動きがとれなくなること。必要なのは「完璧じゃない状態」を引きずり進んでいく脚力。足にも腰にもサポーターを巻きたいし、テーピングで固定もしたい。最新の高級ランニングシューズを履いて、最高のトレーナーをつけてレースに出られるならそれに越したことはない。

でもね、あなたの人生にはやらなきゃいけないことが多すぎる。

すべてのレースに「完璧な状態」で挑むことなどできないの。だから「覚悟」を決めていかなきゃいけない。

「完璧じゃない状態」を引きずったまま、ゴールを目指して進む「覚悟」を。

「完璧な状態」なんていつまでたっても訪れない。それでも走っていくんだよ。

足も腰も痛いけど、サポーターもテーピングもない。ランニングシューズは履き潰してるし、トレーナーなんていない。それでも、走り続けなきゃいけない。走りはじめ続けなきゃいけない。

大事なのは、同時に両方もつこと

特別支援学校の子どもたちをサポートをする上で大切にしている考え方があります。それは、「ネガティブの肯定」と「未来のポジティブ」を「同時にもつ」ということ。たとえば、子どもたちが苦手なことと向き合っていくには**「できたほうがいい」**と**「できなくてもなんとかなる」**を「同時にもつ」と意識して取り組んでもらえるように心がけています。

特別支援学校に通う子どもたちへの困りごとでよくある「友だちといっしょにあそぶのが苦手で、いつもひとりあそびばかり」を例にして説明します。

このニーズに対して、まず「ネガティブの肯定」を行います。無理やりでも構いません。今回は、現状を「たしかに友だちとあそぶのは苦手だけど、ひとりであそんでいるのはたのしそうだな」と捉えます。

つぎに「とはいえ、この先いろんな経験をしていく上で友だちとあそべるスキルは必要だから身につけられたらいいな」と「未来のポジティブ」を重ねます。「友だちとあそぶのが苦手」という「完璧じゃない状態」を引きずり走り出し、「友だちといっしょにあそぶ」というゴールを目指して駆け出します。サポートするわたしたちは、ゴール（未来のポジティブ）にばかり気を取られて、現状のネガティブを肯定していくことを忘れてはいけません。

「ひとりであそべていることはすばらしい。でも、今後のことを考えると友だちともあそんでほしい」「友だちとあそぶのは苦手だけど、ひとりであそんでいるのはたのしそう。こっちが常に友だちとあそぶことを強要するのはよくないな」

こんな風に考えることが「ネガティブの肯定」と「未来のポジティブ」を「同時にもつ」です。

だってもう走れてるよ

もちろんこれは特別支援学校（教育）に限った話ではないし、サポートを行う場合の話でもありません。自分自身の困りごとにもどんどん応用していきましょう。

「完璧な状態」なんていつまでたっても訪れない。それでも走っていくんだよ。

苦しいときに「ネガティブの肯定」を行うことは簡単ではありません。でも、いまこの文章を目にしているあなたは、今まで思い出したくもないくらいネガティブの山を越えてきたじゃないですか。

いまCで悩んでるあなたは、そのまえはBで悩んでいたし、BのまえはAで悩んでいました。

じゃあAもBもきれいサッパリ解決したかと言われれば、多くの場合そんなことなんてありません。

「未来のポジティブ」に向かって走り続け、走りはじめ続けたあなたは、知らぬ間にAもBも引きずり走れるようになっていたんです。

いまCの壁にぶち当たって苦しんではいるけれど、AとBを引きずり走ってきたことであなたの脚力はとっても強くなりました。

どうして嫌なことやつらいことってどうして無限につづくんでしょうね。**大人になってもいっこうにストレスが減らないのおかしくない？**

そんなとき「受け入れよう」と自分を納得させたり気持ちをコントロールしようとしたりしていませんか？

もちろん悪くありません。受け入れられるなら受け入れていきましょう。「受け入れよう」と自分の中に落とし込んで、じんわり消化していくことができるのならその方法でまったく問題ありません。

でも、もし、受け入れたくても受け入れられなかったら。消化したくてもしたくても、ずっと腹の中に居座り続けられたら。それでも、どうしてもここいることを選ぶならば。

そんなときは「受け入れよう」から**「引き受けよう」**にシフトしてみませんか。

この悩みや不安やストレスを、招きたくて招いたわけじゃない。

この苦しさや疲労や寝不足を、招きたくて招いたわけじゃない。

でも、どうせおなじ現状なら「引き受けよう」と解釈を変えてみませんか？　殴られたのではなく、殴らせてやったのだと。避けもせず、ガードもせず、頬を差し出してやったのだと。

そんな「覚悟」をもって殴られたダメージを「引き受ける」、こんな強気な姿勢で不安や悩みを引きずりながら走ってみませんか。


完璧な状態なんてないけれど、前進する「覚悟」を決めて、泥んこになって進めよベイビー。

「完璧な状態」なんていつまでたっても訪れない。それでも走っていくんだよ。

第5章

過去の自分に

「先生がいてくれたらたのしい」と「先生がいてくれないと困る」は近いようで全然ちがう。

このむつかしい話わかる?

「自分だけが通れる道」を誇ってはいけない理由

「去年まではできてたのに」「あの先生なら落ちついていられるのにね」なにかしらの環境と比較して、できなくなったことやうまくいかないことを嘆くような会話は特別支援学校で耳にしたくないワードランキングの極めて上位です。

子どもたちにとって「先生がいてくれたらたのしい」と「先生がいてくれないと困る」は近いようで全然ちがいます。わたしたち「先生」の仕事は、子どもたちを特定の先生などなんらかの狭い環境に依存させることではありません。

むしろ逆です。いつ、どこで、だれとでも出せるように知識や技術、実力をつけていってあげなければいけません。

朝しかできない、あの場所じゃないとできない、この先生とじゃないとできないと依存先をどんどん狭くしてしまうことは子どもの世界をどんどん窮屈にしちゃいます。

朝にできたら昼でもできるように、あの場所でできたらこの場所でもできるように、この先生とできたらあっちの先生ともできるように。

わたしたちは、「自分だけが通れる道」をつくって誇っちゃダメなんです。学校生活の中で「わたしだったらうまくやれる!」と自慢してるだけじゃいけません。

「先生がいてくれたらたのしい」と「先生がいてくれないと困る」は近いようで全然ちがう。

あなたが見つけたこの道を、どんな人でも通りやすいように舗装していくんです。灯りをつけ、地図を書き、障害物をどけ、歩きやすい道にしていってあげましょう。

今日できたことが明日もできるとは限らない

前の章でもみてきたように、学校の先生は、「できた」を「できる」にしていかなければいけません。

子どもたちが学校生活でいろんな「できた」を経験できるよう、わたしたちは授業や教材を考えます。

その結果、「できなかった」が「できた」になる瞬間に出くわします。

まずは「できた」を盛大に祝いましょう。ハイタッチからの胴上げです。サンバ隊も呼びましょう。

でも、この「できた」が明日「できない」んだったら、それはやっぱり「できた」であって、「できる」ではないんです。「できた」を「できる」に進化させるには「できた」を丁寧に分解していく必要があります。

そのためには、少しずつ環境や方法を入れ替えながら試します。

「体育館でA先生に声をかけられながらBくんとのペアで〝できた〟」を「運動場で」「C先生に」「Dくんと」などに変更してみます。

そうすると見えてきます。「あ、この子は体育館でも運動場でも〝できる〟んだな」と。「でもEくんとペアのときは〝できない〟な。じゃあBくんとEくんのちがいを考えてみよう」そんな風に話が進んでいきます。

こうやって、**なにしからの依存度を下げ、異なる環境での「できた」を重ね、「できる」を増やしていくこと**がわたしたちの大事でむずかしいミッションです。

つくった道は、広げてこそ意味をもつ

「先生がいないと歩けない道」ではなく、だれとでも歩ける道、その中で「先生と歩くのがたのしい道」をつくっていくんです。

先生の仕事は黒子であり、学校や教室の主役は子どもたちです。ほんとうにここを履き違えちゃいけません。いろんなところで、いかに自分がすごい教員か目を輝かせてアピールしている先生もいますが、そんなことに本来価値はありません。

むずかしい言葉で教育を語れなくても、するどい視点で教育界を嘆かなくてもいい

「先生がいてくれたらたのしい」と「先生がいてくれないと困る」は近いようで全然ちがう。

記憶や記録に残らなくても大事な仕事

んです。主語の大きさと現在地を間違えちゃいけません。変わった考え方やすんごい実践をしていようがいまいが、わたしたちがしなくてはいけないのは目のまえの子どもと保護者のニーズを満たすことです。

目的と手段をごっちゃにしてはいけません。

すごい教員、変わった教員であることがニーズを満たすために必要ならそうあるべきですが、ハッキリ言ってまず間違いなくそんな必要はありません。

カリスマ先生がいる間だけ、その学年や学校が革命を起こしても仕方がないんです。その革命がすばらしいものならそれが校風にならないといけないし、なんなら文化として根付いていかなければなりません。

カリスマ先生の異動と同時に、失われる校風じゃダメなんです。

なんなら公的な教育現場に、カリスマ先生はいなくたって構いません。派手でもないしスマートでもないけれど、ふつうの先生がひとりひとり自分の役割を果たしていくことがどれだけ強くて尊いことか。

むしろ、**ふつうの先生がふつうの仕事をして、ふつうにニーズを満たせない環境のほうが間違って**います。スペシャルティーチャーやカリスマ先生だけが注目されちゃダメなんです。そこばかり目指しちゃ苦しいだけなんです。

記憶にも記録にも残らなくていいんです。「来年も担任してください」に胸を張っている場合じゃありません。子どもや保護者に依存してもらった快楽に浸ってないで、来年だれが担任でも今年と変わらず「できる」スキルを身につけてもらい、そのための引き継ぎをしていきましょう。

もう一度言います。わたしたちは黒子です。

少しずつ、でも確実に。薄く、透明に近い存在を目指していくんです。

クリームソーダに入っているサクランボのように、ないと困るわけではないけれどあったらうれしい存在を目指し、明日も明後日も地味に泥臭く子どもと保護者に向き合っていきましょう。

できる範囲でできるだけ、ニーズを満たせる働き方を考えて実践してはやり直し、自分のやるべきことを見失わないかっこいい大人がクールだよ。

「先生がいてくれたらたのしい」と「先生がいてくれないと困る」は近いようで全然ちがう。

支援が必要な人を支援する人の
支援が必要なんだよ。

このむつかしい話わかる?

尽くし続ければ削れてく

自分自身に余裕がないのに、だれかを助けるなんてできっこない。だれかを助けるには、自分の心身の健康こそが本当に大事です。自分の心や体をボロボロにしながら「助ける」ことはできたとしても、「助け続ける」ことはできません。

その瞬間「だけ」サポートするのではなく、ある程度の期間サポート「し続ける」ことが目的なら、支える側が無理をしちゃいけないんです。ほどほどに、ぼちぼちと。

もちろん数日なら、どれだけ疲れて寝てなくてもだれかを100%の力で助けられるかもしれません。たとえば、そりゃ赤ちゃんはかわいいです。自分自身が健康で、時間にもメンタルにも余裕があればどれだけ泣かれても叫ばれても寝れなくても「かわいいかわいい」だけで1日2日は楽勝です。

でもですよ。

でも、です。

それが3日4日、1週間と続いていけばだんだんとサポートする側の心身がヘトヘトになっていきます。

「やっと寝た」と思ったら昼夜問わず3時間なんかで起きては泣く赤ちゃん。元気なころは「3時間も寝られりゃ平気さ」なんて構えてたはずなのに、自分のペースで自分のことがなにひとつできない生活は、どんどん心身の余裕を奪っていきます。

まわらない脳みそと疲れた体はいつでも休息を欲し、息抜きができず趣味の時間も取れない心はじわじわとしんどくなってきます。そして、当然こんなのは育児に限った話ではありません。

（発達）障害や病気など、なんらかの「サポートを必要とする人を支える人」にも当てはまります。大人と子ども、売り手と買い手、上司と部下だってそうかもしれません。「家族だから」「先生だから」「仕事だから」……「支えなければいけない理由」はいくらだって出てきます。

ですが、彼らにも彼らの生活があり心があります。

常に100％そのことだけに気を張り詰める必要はないんです。常に100％のサービスをする必要はないんです。与えられた役割や時間だけ、できる限りのことをできる範囲でできるだけやればいいんです。

「あたりまえ」にしなくていいこと

がんばるあなたの「支えなければいけない理由」をもう少し軽くしませんか？
サポートが必要な人の「サポートが必要な理由」はその人のせいではありません。障害があること、病気になったこと、介護が必要なこと…だれにだってすぐ真横に転がっている「あたりまえ」です。

だからと言って、支える側の心身や生活を彼らのサポートに費や「し続ける」ことを**「あたりまえ」にする必要はありません。**

また一方で、「支える側」だと思っているあなただって「支えられている側」に役割をスイッチしている場面だってあるはずです。

子育てや、病気や障害のケアなんて大きなことでは「支える側」かもしれませんが、ちょっとしたメンタルケアや雑務をだれかが支えてくれているかもしれません。

ため息をつくと、だれかがやさしくしてくれます。

甘えましょう。ふだん「支える側」として奮闘しているんです。

こんなときくらい、甘えられるだけ、甘えましょう。ため息をつき、愚痴をこぼし、涙とストレスを吐き出しましょう。

ただ、ときにはあなたを「支えられている側」にしてくれるその人が、ため息をついていないか耳を澄ませてみてください。

自分のため息はいつだって大きく聴こえるし、だれかのため息はいつだって小さく聴こえます。支えてくれている人のため息に気づくことができるのもまた、支えられている側が追い込まれすぎないことが必要です。

支援の支援をみんなでちょっとずつもつ

もっとも危ないのは「切れない包丁」です。切れない包丁は、無駄に力が入ります。すべって怪我をするかもしれないし、切れたところで切り口はボロボロです。食材の鮮度も落ちちゃいます。

あなたの心や体はどうですか？　研げていますか？

目の前の食材を切るのに必死で、研ぐ暇なんてないと感じるかもしれません。

それでも、せめて、切り口だけは確認してください。

切れ味が悪くないかどうか、気にしていてください。

心も体も酷使してボロボロになっていると感じるなら、勇気を出して、目の前の食材を**一度しっかり無視**しましょう。

大丈夫、すぐに腐りはしないから。

友だちでも家族でも福祉や医療でもいい。インターネットやエンタメでもいい。体重をかけすぎなければ、スイーツでもアルコールでも占いでもいい。

まわりに助けを求め、その刃を一度休めましょう。丁寧にゆっくり。研いで、研いで、また目のまえと向き合いましょう。

支援が必要な人を支援する人の支援が必要です。

泣いてるカバおくんを助けるアンパンマンを支えるジャムおじさんが必要です。

あなたはカバおくんであり、アンパンマンであり、ジャムおじさんです。

それだけは忘れないでください。


もし忘れたら？　問答無用でアンパンチ。

人の役に立ちたいんじゃなくて、人の役に立つことで自分を救いたいんだよ。
このむつかしい話わかる?

特別支援学校ではたらくということ

特別支援学校の先生としてはたらいて、それなりの年月が経過した。

卒業したのは教育大学でもなければ、教育学部でもない。ついでに言うと、親や親戚に教員はひとりもいない。

小さいころから「先生になる！」なんて夢を明確に描いたこともない。小学校の文集には「少女漫画家になる」って書いてたし。

たまたま、なりゆきでこの仕事にたどり着いたわたしが、毎日それなりにたのしくはたらけているのは**この仕事を通して自分自身が救われているから**だ。

特別支援学校に通う子どもたちはその障害や特性ゆえの「生きづらさ」を抱えてる。理解力や読解力の場合もあれば、コミュニケーションにしんどさを抱えている場合もある。あたりまえだけど、子どもひとりひとり、それぞれ「生きづらさ」はちがう。だから一口に「自閉症」「ＡＤＨＤ」といった障害名でその子がもつ「生きづらさ」をまとめることなんてできっこない。

一方で、障害があることは「生きづらさ」のひとつではあるけれど、だからって障害がない（とされている）わたしたちに「生きづらさ」がないなんてことはないじゃ

 人の役に立ちたいんじゃなくて、人の役に立つことで自分を救いたいんだよ。

ない。

もっと言えば、障害がある人の「障害（特性）じゃない部分」の生きづらさだってあるんだよ。

みんな、それぞれに「生きづらさ」を抱えてる

わたしの「生きづらさ」は器用貧乏であることだ。苦手なことがずいぶん少ない。そのかわり、ズバ抜けて得意なことも一切ない。

ついでに几帳面で繊細。人に嫌われることが苦手で、空気を読んで常に最善手を探してきた人生。「人からどう見えるか」に敏感で、「こう見られたい」と自分をプロデュースするのが得意。

ずっと「周囲の期待に応えないといけない」なんて〝勝手な〟使命感を背負って生きてきた。上手な負け顔を見せられない。知識や技術やセンスを「鎧」として身につけて、スマートな大人を目指してきた。

そのことは多くの場面で自信にもなったけど、ときには「（鎧をつけてない）ありのままの自分」への自信のなさや劣等感にもつながった。

まわりから見えてる（であろう）自己肯定感の高さと、実際の自分が抱く自己肯定感の低さのギャップに苦しんだ。いや、ごめん。今もしっかり苦しんでいる。

簡単に「長所」としては語れない

特別支援学校には「好きなことなら永遠にできる」「興味のあることならどこまでも探求できる」「いつだって自分の主張や要望を伝えられる」……こんなことが上手な子どもたちがいる。そして、そのすべての言葉の始まりに「他人の評価なんて気にせずに」という前置きだってつけられる。

「障害のある人」をすぐ感動パッケージで売っちゃうメディアには、これらはよく「長所」として語られる。

でも、その反面「生きづらさ」につながることだって少なくない。

だって考えてみてよ。

さっきの言葉の裏側には「好きなこと以外はまったくできない（折り合いがつけられない）」「興味のないことを理解しようとしない」「相手の立場や状況を推し量ることが苦手」が隠れてるかもしれないじゃん。

人の役に立ちたいんじゃなくて、人の役に立つことで自分を救いたいんだよ。

だから、わたしたちがいる。特別支援学校の先生がいる。学校と社会をつなぐ、パイプの役目がいる。

「傷」に貼った絆創膏を、いつかだれかのために

生きづらさは「傷」になる。

みんながみんな、この「傷」にどうにかこうにか絆創膏を貼り付けて、泣きながら、立ち止まりながら進んでる。

わたしの抱える「器用貧乏」「嫌われるのが苦手」「空気を読む」「人にどう思われるかに敏感」「自分のプロデュースが得意」これらすべての「傷」は、子どもたちに社会で生きてく術を教えるときの「武器」になった。

子どもたちの「生きづらさ」を助けられる「武器」になった。

無数の「傷」に貼りつけてきた絆創膏は、子どもたちにも貼ってあげることができた。

得意なことと苦手なことの差が大きい子どもに、そつなくこなす技術を伝えられた。

相手の気持ちや考えに寄り添うのが苦手な子どもに、好意的に受け止められる（であ

ろう）言葉づかいや態度、身だしなみや考え方を伝えられた。

わたしは盲目的に「人の役に立ちたい」なんて善人じゃない。いつだって、他のだれより自分を優先してしまう。自分のお腹を満たしてからじゃないと、だれかにパンをあげることもできない。

それでも「役に立ちたい」と願うのは「生きづらさ」という自分の「傷」に貼りつけてきた絆創膏をだれかに貼ることができたとき、この「痛み」が無駄じゃなかったと思えるからだ。この「痛み」が必要だったと思えるからだ。自分の「痛み」に理由を与えてあげられるからだ。

人の役に立ちたいんじゃない。人の役に立つことで、自分を救いたいんだよ。

 人の役に立ちたいんじゃなくて、人の役に立つことで自分を救いたいんだよ。

みんなが手話を使えたら、耳が聞こえないことは
「障害」と呼ばれないかもしれないよ。

このむつかしい話わかる?

なにが「障害」を「障害」たらしめるのか？

目が見えないことを、どうして「障害」と呼ぶのでしょうか？　眼鏡がないとなにも見えないほど目が悪いことを、どうして「障害」とは呼ばないのでしょうか？

視力0・1以下で、急に眼鏡やコンタクトレンズを使わず日常生活を支障なく送るのはほとんど不可能です。たちまち車の運転さえできません。むしろ、ふだんから目が見えない人のほうがスイスイ歩ける道だってあるかもしれません。

もちろん「目が見えない」と「目が悪い」とではまったくちがいますが、一見おなじような困難を抱えてそうなのに、片方は「障害」でもう片方は「障害ではない」とされます。

なぜでしょうか。

「生きづらさ」をいかに小さくしていくか

「障害」は「生きづらさ」と近いです。「生きづらさ」を改善すればするほど、それ

みんなが手話を使えたら、耳が聞こえないことは「障害」と呼ばれないかもしれないよ。

は「障害」とは呼ばれなくなります。

眼鏡がない状態は「障害」と呼べるかもしれませんが、眼鏡をかけた状態を「障害」と呼ぶ人はいません。

裸眼の視力は変わらないのに、眼鏡で視力を矯正することで「生きづらさ（この場合は見えづらさ）」をほとんど解決できるからです。

耳が聴こえない人や聴こえづらい人で、手話をコミュニケーションの主なツールにしている人がいます。手話が言葉とおなじように自由自在に扱える人たちのコミュニティーでは、音声でのやり取りと変わりのないスムーズな会話が行えます。

つまり、耳が聴こえない「生きづらさ」をこの場ではほとんど感じることがないんです。

では、この状態（空間）において耳が聴こえないことは「障害」でしょうか？

もし、社会で生活をするすべての人が言葉とおなじだけ手話を扱うことができたら、耳が聴こえないことは「障害」とは呼べなくなってくるのかもしれません。

どれだけ近視の人でも眼鏡をかければ「障害」と呼ばれないように、どれだけ耳が聴こえなくても手話で話せれば、その瞬間において「障害」ではなくなるのかもしれません。

眼鏡を外せばたちまち困難が生じるように、まわりの人が手話を扱えるからと言って「聴こえないこと」そのものの困難さは当然ながら残ります。

すべての意味で「耳が聴こえないこと」の「生きづらさ」をなくすことはできないけれど、わたしたち「社会」がしていかなくてはいけないサポートは彼らの「生きづらさ」を小さくしていくことです。少しでも「障害」と呼ばれにくい環境を整えていくことです。

すべて同時じゃなくていい

障害や病気など、なんらかの生きづらさを抱えた人の「暮らしやすさ」を「①当事者のスキル」「②適切な環境や支援」「③まわりの理解」だと考えます。

まず、当事者が自身の生きづらさに対して「暮らしやすさ」「生活のしやすさ」にアプローチしていかなくてはいけません。

障害だろうが病気だろうが、できるはずのことは自分でしていくことが大切です。まわりのサポートを必要とすることと、(助かるからと)サポートを常に必要とすることとは全然ちがいます。(①)

みんなが手話を使えたら、耳が聞こえないことは「障害」と呼ばれないかもしれないよ。

つぎに、彼らの「能力や努力の外側」から「社会」がサポートしていくことです。特別支援教育、バリアフリーな環境やユニバーサルデザインなどがそうですね。(②)

最後に、それでも当事者やまわりの人にとっての「どうしようもないこと」を受け入れてサポートしていける「知識」をベースとした「理解」を社会全体で進めていけることが、差別や偏見を小さくしていくことにつながります。(③)

そして、この3つは、ひとつずつ独立してるわけじゃありません。すべてつながっています。

①②③を、それぞれ（縦・横・奥行き）つないでつくった箱が「暮らしやすさ」だと考えてみてください。3つを一気に伸ばせなくても、**1つが伸びるだけでも箱は自然と大きく**なります。

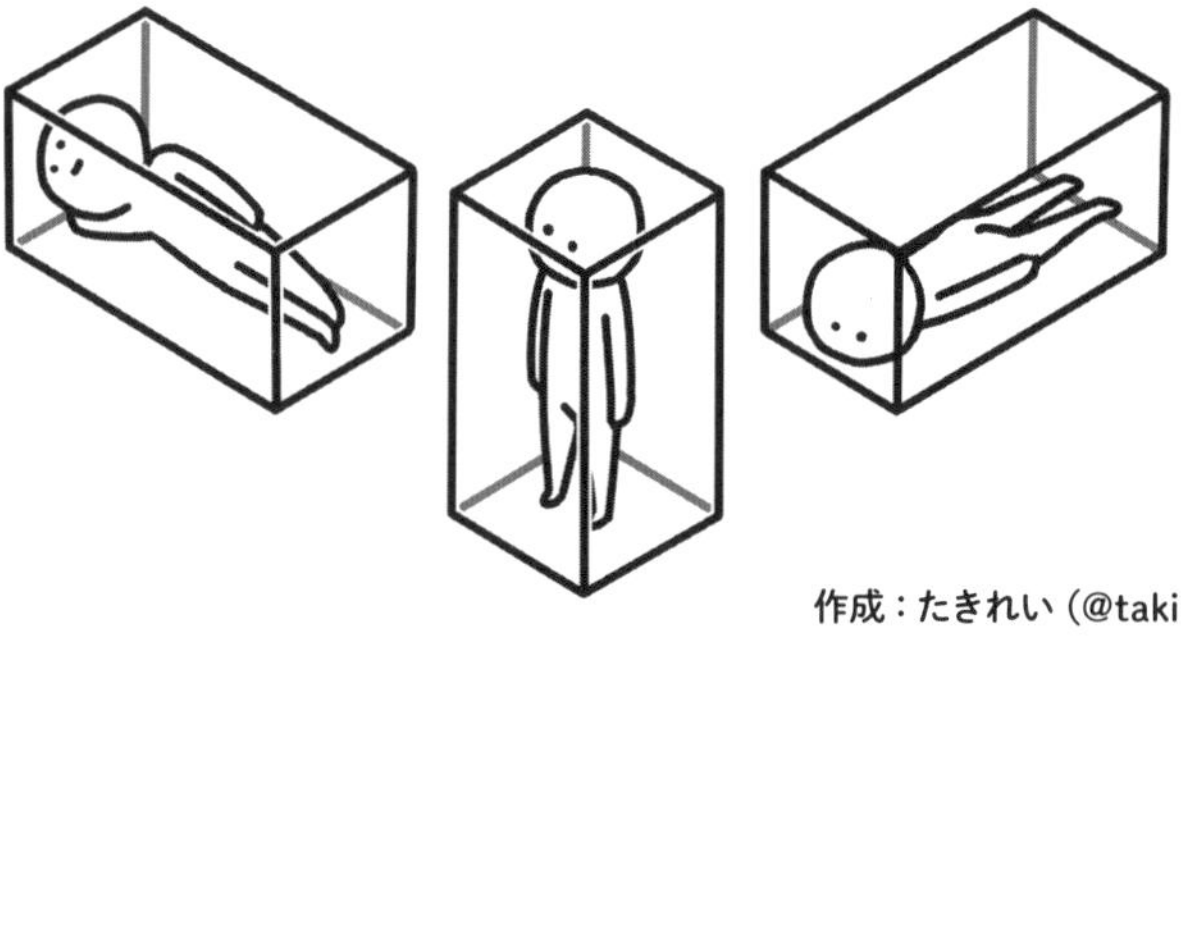

作成：たきれい（@takirei2）

すべて同時じゃなくていいんです。

できるところから、できる範囲でできるだけ、伸ばせるところから伸ばしていくことが大事です。びよーんって。

 みんなが手話を使えたら、耳が聞こえないことは「障害」と呼ばれないかもしれないよ。

「主役」と「脇役」のどっちが
上でもないんだよ。

このむつかしい話わかる?

主役と脇役は簡単に入れ替わる

スポーツニュースでさっと流れるハイライト。

そのハイライトに選ばれるのは「派手なプレイ」や「目立つ選手」、その空間における「主役」です。

サッカーやバスケットなど、チームでゴールを奪うスポーツだったらハイライトはまぁ間違いなくゴールです。入らなくてもシュートです。

でもね、その裏には「主役」を支える、たくさんの「脇役」がいるんです。

シュートを打った「派手なプレイ」はハイライトになるけれど、シュートを「打たせなかった」なんて「地味なプレイ」はハイライトにはなりません。

特別支援学校では、ひとつの授業を2人以上の教員で行うことが多いです。

たとえば、子どもにスライド教材を見せながら展開する授業を2人の教員で行う場合。

メインの教員は前に立ち、スライド教材を操作しながら説明や問いかけを行います。

もうひとりのサブの教員は、基本的には後方から子どもたちの様子を伺います。

 「主役」と「脇役」のどっちが上でもないんだよ。

ここでメインの教員が優先するべきは「授業を止めない」ことです。特別支援学校では五度見するようなトラブルが多発しますが、その度にメインの教員がその対応をしてしまうと残された子どもたちは泡を吹いて白目で待つしかありません。

そうならないために、サブの教員が「授業を止めない」ための役割を果たします。子どもの様子を常に観察し、少しの変化や違和感に気づいて、早め早めのフォローを入れます。

トラブルを未然に防ぎ、防ぎきれなかったトラブルに対して迅速な応急処置を行います。

「地味なプレイ」がピンチを遠ざける

もちろん、メインの教員がスライドを使用しながら自ら授業を展開するのが「派手なプレイ」です。もし授業を見に来た人がいたら、メインの教員の一挙手一投足に目がいくでしょう。

ただ、メインの教員がこの「派手なプレイ」に専念できるのは、やはりサブの教員が行う「地味がプレイ」があるからなんです。

シュートを「打たせなかった」を実現するためにはピンチになるまでにその芽を摘まなければなりません。それは、ほんの数メートル、ほんの数秒を常にサボらず適切なポジションを取り続けた結果です。ほとんどだれにも気づかれない「脇役」が行う「地味なプレイ」の連続です。

大切なのはピンチを防ぐことでなく、**ピンチを招かないこと**です。

ハイライトで見ると「派手なプレイ」で勝った1—0の試合ですが、「地味なプレイ」で防いだ2点がなければ負けてた試合かもしれません。

ただ、これは試合の中での「主役」と「脇役」の話です。

見方を変えると、選手が「主役」、支えるスタッフを「脇役」と捉えることだってできます。もしくは、プロスポーツが成り立つのは観客がいてこそです。

そう考えると、観客が「主役」であり、彼らをたのしませるための選手が「脇役」なんて考え方だってできちゃいます。

そうなんです。

「主役」と「脇役」は見方や状況によって、すぐに入れ替わるんです。

ハイライトでだれよりも目立った「主役」のスターも家に帰れば妻を支える「脇役」にまわってるかもしれません。

ひとりの人間が1日生活するだけでも「主役」や「脇役」、「派手なプレイ」と「地味なプレイ」を使い分けているんです。使い分けざるをえないんです。

このことを、わたしたちはしっかり理解しておかなければいけません。

役割は「優劣」じゃないと知っていよう

「主役」か「脇役」か、それはよく「優劣」と勘違いされてしまいます。

そんなことはありません。

ちがうのは、「優劣」ではなく「役割」です。

だから、あなたが「主役」のターンでえらそうにする必要はないんです。ただ、「主役」の役割をこなしましょう。

あなたが「脇役」のターンでも、謙遜することや卑下することはありません。ただ、「脇役」の役割をこなしましょう。

映画のエンドロールで流れる無数の名前は、「優劣」の順ではありません。「役割」の順で流れます。無数の名前、そのひとりひとりに「役割」があり、それを全うしたことで、1本の映画がつくられます。

監督や俳優といった「主役」ばかりに目がいっていますが、照明や音声、衣装にメイク、営業、宣伝…そのそれぞれ無数の「脇役」と「地味なプレイ」があってはじめて、あなたが心を震わせた映画が上映できたんです。

あなたの人生の主役はあなたかもしれませんが、**だれかの人生の脇役もあなた**です。

自分の人生を主役として生きながら、だれかの人生とあなたの人生が重なるところで、その役割を交換しながら、お互いをリスペクトして暮らしましょう。

謙虚に、かといって謙虚すぎず、まえに出るときは出て、引くときは引く。

主役を支えて脇役に支えられて、アカデミー賞とグラミー賞、ついでにノーベル賞も獲っとこう。

花が咲こうが咲くまいが、
それでも水をやるんだよ。

このむつかしい話わかる?

「障害のある子ども」との関わりは多くの人にとって「特別」なことだし、「非日常」だ。もちろん「特別支援学校の先生」を生業にしているわたしにとって「障害のある子ども」と関わることは「あたりまえ」であり、「日常」だ。

だけど、「障害のある子ども」は本来もっとみんなの「日常」に「あたりまえ」として存在していなきゃいけない。

もちろん差別されるなんてことはあってはいけないし、虐げられる存在であっていいわけがない。

もちろんこの話に当てはまる主語は「障害のある子ども」に限定されるものじゃない。(発達) 障害、病気、その他いろんな生きづらさを抱える人すべてに当てはまる話だ。だれのせいでもない、その人にとって「どうしようもないこと」を理由に、彼らが「特別」であり続け、彼らと接することが「非日常」であり続けることの濃度を下げ続けなくちゃいけない。

真正面から笑い合う

「特別支援学校の先生として自分の知識や経験、考えてきたことをSNSに投稿してみよう」

そう思い立った数年前、自分の中で大事にする軸を決めた。

一つ目は、専門用語を使わないこと。

二つ目は、ユーモアを入れた文章を書くこと。

このふたつを根幹に、投稿し続けてみようと決意した。

「障害のある子ども」として捉えてもらうため、そして「特別支援学校（教育）」を「他人事」ではなく「自分事」として受け入れられるために、そして少しでも彼らが「特別」ではなく「あたりまえ」として受け入れられるために、これらの要素が必要だと考えた。

だって、おもしろいもん。特別支援学校に通ってくる子どもたち。

もったいないよ。このおもしろさを知らないでいることは。

だって、すごいんだもん。特別支援教育って。

もったいないよ。このすばらしさを知らないでいることは。

特別支援学校の運動会。バトンを受け取り、駆け出す男子。

突然、目の前を横切る一匹のバッタ。

すぐさまバトンを放り投げコースアウトしていく勇ましい姿。

こんな最高にファンキーな光景の主語が「障害のある子ども」だから笑えない、笑っちゃいけないとはやっぱりどうしても思えなくて。

毎日接すればすぐにわかる。彼らは「純粋」「素直」なんてパッケージで十把一絡げにできるような存在じゃない。

嘘もつくし、ズルもする。サボろうとするし、わがままだって大盛りだ。

天使なんかじゃない。

一生懸命がんばる姿を「感動」として搾取され続けていいわけがない。「障害のある子ども」は、もっと身近な存在なんだよ。あなたや、あなたの近くにいる人と思ってるよりおなじなんだ。

笑っちゃいけない存在じゃないし、かと言って嘲笑っていい存在じゃない。真正面から笑えるだけの関係性が、もっと多くあっていい。道に迷った人を案内するように、障害のある人をサポートできるハードルが下がればいい。

そんなことを、あの手この手で伝えてきた。

「障害のある子どもたち」「特別支援学校（教育）」という「種」に、「わかりやすさ」「ユーモア」の入った「水」をやって育ててきた。

そうして、たくさんの人に自分の書いた文章を読んでもらうことができた。本を出版し、たくさんの企業やメディアから特別支援学校や子どもたちについて話す機会をいただいた。「花」が咲いたと言っていい経験だ。

「ありのまま」という種を社会とつなぐために

この本を読んでいる人の多くは、「花」の部分しか目にできない。それでいい。でも、思う。目に見える「花」に注目してしまうけど、大事なのは「種」をまいて、「水」をやってきた行為そのものなんだって。

「ありのまま」が都合よく解釈されすぎてやしないかな。

「ありのまま」の「種」になんの「水」もやらないで、「花」が咲くわけないじゃない。社会はそんなにやさしくない。

「障害のある子ども」が苦手なことや困りごとだけ伝えて、専門用語をふんだんに使って「特別支援教育」のすばらしさを社会に伝えていけるとは、わたしは到底思えない。

「障害者がつくったから」を理由に、商品が売れ続けちゃいけない。商品を安く売り続けちゃいけない。だれがつくったかなんて関係がない「お客さんがほしいもの」を適正な価格で提供していけるように努めていこうよ。

そのための「水」を考えて、工夫して、やっていかなくちゃいけないんだ。

「ありのまま」は「弱い側が、強い側に受け入れてもらう姿勢」じゃない。

「ありのまま」は「どうしようもないことを、お互いに歩み寄る姿勢」だ。

だから、「水」をやらないといけない。「お互い」が歩み寄るために。「ありのまま」という「種」を「花」にするために。

特別支援学校で障害のある子どもたちと学校生活を送る中で「昨日できなかったことが今日できた」を見ることはあまり多くない。

それでも、種をまくしかない。水をやるしかない。

この子たちにとって必要なことや、やりたいことを「種」として、それを相手や社会のニーズに合わせて「水」をやっていく。

わたしたち教員の仕事は、彼らの「種」を見つけてまき、それに「水」をやることだ。「花」を咲かせることは仕事じゃない、結果だ。

いつだって「花」が咲くわけじゃないし、いつ咲くかもわからない。

それでも願っているけどね。


あの子にたくさんの大きな花が咲いてほしいよいつだって。

おわりに

ここまで、たくさんの「むつかしい話」にお付き合いいただき本当にありがとうございました。

一貫性があるようなないような、そんな話ばかりで申し訳ありません。

今からこの場を借りて、キュートな言い訳ばかりしちゃいます。改めて言いますが、わたしはただの地方公務員、品質保証された一般人です

でもだからこそできる話があって、上からでも下からでもなくおなじ目線でできる話があると信じて書き続けました。

ひとつの似たテーマに対し、ある話ではＡと言ったのに、別の話ではＢと言っているかもしれません。つーか、たぶん言ってます。

「肉だ！」「魚だ！」と強いだれかに正解を示してほしい、この不安定な現代。

それなのに「肉も魚も両方食べようよ」とうつつを抜かす間抜けなわたしに「おまえがこの本で言いたいのはＡとＢのどっちなんだよ」と１８０㎞のストレートを投げ

込みたい気持ちはわかります。

でもね、やっぱりどっちも本音なんです。作家でも哲学者でもないし、肉か魚か決められない。

この本を5年後、10年後、自分で読み返したとき。「マジそう思う」と感じることもあれば「こいつ正気?」と映画でだけやさしくなるジャイアンを見る目で驚くこともあるでしょう。いやいや、3日後だってそうかもです。

人間は、日々変わり続けます。矛盾を抱えて生きてます。通り過ぎた道に戻ってくることもあれば、二度と戻らないこともあります。

残念ながら、えらそうに書いた様々なアドバイスやノウハウを、わたしがいつだって正しく実践できてるわけでもありません。

「できる」ことだけ書ければよかったけど、「できた」だけのこともたくさん書かせてもらいました。

わたしが正しい選択をできるのは、心と体が健康なときだけ。弱ってるとき助けてほしいとき、生きてるだけで精一杯のときに、正しい選択なんてできっこない。

正しさなんて投げ捨てます。不道徳なこと、不真面目なこと、不躾なことも内包し、命を明日につなぎます。

いいんです、いいんです。こんな「むずかしい毎日」にいつだって正気でいられる方が異常です。

これからも、「むつかしい話」でもしながら。泣いて笑って、ゆるい地獄を進みましょう。

あなたの地獄で、この本が役に立ちますように。

平熱

カスタマーレビュー募集

本書をお読みになった感想を下記サイトにお寄せ下さい。レビューいただいた方には特典がございます。

https://www.toyokan.co.jp/products/5454

むずかしい毎日に、むつかしい話をしよう。

2024（令和 6）年 3 月14日　初版第 1 刷発行
2024（令和 6）年 4 月 5 日　初版第 2 刷発行

著　者　平熱
発行者　錦織　圭之介
発行所　株式会社 東洋館出版社
〒101-0054
東京都千代田区神田錦町 2 丁目 9 番 1 号
コンフォール安田ビル 2F
代　表　TEL：03-6778-4343
FAX：03-5281-8091
営業部　TEL：03-6778-7278
FAX：03-5281-8092
振　替　00180-7-96823
U R L　https://www.toyokan.co.jp

ブックデザイン　佐藤亜沙美
装画・挿絵　たかまつかなえ
アイコンイラスト　メイ ボランチ
p.184 挿絵　たきれい（@takirei2）
印刷・製本　株式会社 藤原印刷

ISBN978-4-491-05454-4 / Printed in Japan

JCOPY ＜㈳出版者著作権管理機構 委託出版物＞
本書の無断複写は著作権法上での例外を除き禁じられています。複写される場合は，そのつど事前に，㈳出版者著作権管理機構（電話 03-5244-5088，FAX 03-5244-5089，e-mail：info@jcopy.or.jp）の許諾を得てください。